相

懂手相，就看這本書

Chinese Physiognomy Face Reading

命理名師 黃恆堉

親愛的朋友們！

用本書對照完您的手相後，如有好的紋路，恭禧您！如有不佳的手紋出現時，應該要檢討改進，或得尋求貴人幫助，千萬不可以太宿命。

人家說：命不能改，但運可以創造，手相的變化也就是運勢的變化，如果用心經營人生，壞運當然也可以轉變成好運。

手相會隨運勢而變化，常常關心自己的手紋變化而得知未來吉凶，以便提前規劃未來人生。

一本讓您了解自己的規劃書

一本讓您知命造運的工具書

一本能讓您增加人際互動的書

前言

　　學過八字、紫微、陽宅、姓名學、卜卦、面相、手相。回想起來手相最難論，因為手相有太多種變化了，真的很難論到很精準。

　　近幾年筆者在全省保險公司、房地產仲介業、社團及讀書會演講場次超過1000場，發覺談手面相時最能讓聽眾共鳴而且感同身受，沒有人會打瞌睡。探究原因還不是每個人都對自己的未來及過去很感興趣嘛！

　　所以我就決定出一本既簡單又好用的手相口袋書，讓對手相有興趣的朋友不用很傷腦筋的去背條文，當需要時隨時就可拿起來查閱，這就很方便。如果要了解過去跟未來而去學八字或學紫微斗數有可能要花一段時間才可學得通，但手相可就不必花太多時間就可學得不錯，所以各地方學院或私塾教手相的課程自然就能吸引很多學員

參加，因為學會手相不僅可以了解本身的運勢及未來展望外，尚可與親朋好友或客戶做分享。可藉由手相的學術論斷拉近彼此間的距離。

簡單的說，那一個人不喜歡算命，所以用手相來算命，可以說是目前最直接能與人接近的手段，而且學手相也不必花太多的時間及浪費太多的金錢，況且筆者收集了最簡單易懂的手相資料，用真人手相彩色印刷的方式來表現且用最簡潔的語意表達出吉凶狀況，讓各位讀者很容易了解，一看就懂，省去背頌時間。

本書編排方式採用隨身攜帶袖珍本，方便讀者帶在身上隨時查閱，順便幫朋友算命。

讓您將老師永遠帶在身邊做您的靠山；結論是縱然得知手相吉凶後千萬不要太宿命，如果發現有不佳之手相時，只要記住手相是會改變的，只要心存善念，多說好話、多做好事，好運一定會跟隨我們。

最後的建議，如果您覺得本書對您的人生變

化有一點啟示也對你工作業務上有所幫助的話，請多買一本送給您的朋友或客戶，保證對您日後人際面會有很大的加分效果，這叫做花最少的代價獲得最大的收穫。

知己知彼、百戰百勝
不知己不知彼、每戰必敗

黃恆堉

窮人的習慣

有個故事，說的是一個窮人，很窮，一個富人見他可憐，就起了善心想幫他致富。

富人送給他一頭牛，囑他好好開荒，等春天來了撒上種子，秋天就可以遠離那個「窮」字了。

窮人滿懷希望開始奮鬥。可是沒過幾天，牛要吃草，人要吃飯，日子比過去還難。

窮人就想，不如把牛賣了，買幾隻羊，先殺一隻吃，剩下的還可以生小羊，長大了拿去賣，可以賺更多的錢。

窮人的計畫如願以償，只是吃了一隻羊之後，小羊遲遲沒有生下來，日子又艱難了 ，忍不住又吃了一隻。

窮人想：這樣下去不得了，不如把羊賣了，買成雞，雞生蛋的速度要快一些，雞蛋立刻可以賺錢，日子立刻可以好轉。

　　窮人的計畫又如願以償了，但是日子並沒有改變，又艱難了，又忍不住殺雞，終於殺到只剩一隻雞時，窮人的理想徹底崩潰。

　　他想：致富是無望了，還不如把雞賣了，打一壺酒，三杯下肚，萬事不愁。

　　很快春天來了，發善心的富人興致勃勃送種子來，竟然發現窮人正在吃菜喝酒，然而牛早就沒有了，房子裡依然一貧如洗。

　　富人轉身走了。窮人仍然一直窮著。很多窮人都有過夢想，甚至有過機遇，有過行動，但要堅持到底卻很難。據一個投資家說，他的成功秘訣就是：沒錢時，不管再困難，也不要停止投資和積蓄，壓力會使你找到賺錢的新方法，幫你還清賬單。

　　這是個好習慣。有固定的儲蓄及風險管理就能萬無一失了。

　　人一輩子靠認真工作是不容易致富的，要致富需要靠理財，如果您一生中有一位好的理財規劃師那您要成功致富就不再那麼難了。

目錄

第一單元

第一單元

什麼是手相學？

顧名思義【手相學】就是一種觀看手相的一門診斷學，觀看手相可以就「手型學」與「手紋學」來判斷一個人的性格、運勢、特質、專業、甚至吉凶等等。

因為手的粗細及紋路會隨著時間改變。所以可證明人除了八字不能改之外，運勢是會改變的，因為手紋會隨人生的歷練而有所改變。

當然也可以從手紋的變化來探討過去以及預知未來的運勢，好的手紋可讓我們提早準備以迎接好的運勢，變壞的手紋可以讓我們事先做好預防。

所以學會手相可以讓我們當成一種人際互動學以及未來預知學，請您好好研究一番，把手相當成茶餘飯後的聊天話題好像也滿不錯的喔！

手相要看拿哪隻手才正確？

　　首先聲明看手相正確的看法是兩手都要看，但因各學派看相角度不同，所以產生多種論法。

　　依原理來講；不管紫微斗數或八字學都有陽男陰女的排盤方式，所以看手相之方式當然也有所謂男左女右之說！

　　男孩子，左手看先天狀況，右手看後天情形。女孩子，右手看先天狀況，左手看後天情形。因手紋會變化，所以用結果論來談，看手相就以男左女右較為恰當且正確。

　　以後看手相，先看先天之後，再看後天，才能知道人生變化曲線，也可藉由手相得知人生吉凶悔吝。

　　天生左撇子的人表示右腦發達，有藝術才華，但對數理可能就不太行了，最好能兩手均衡發展最好。

由手的外觀與觸感來分析

一、白白的手：感情豐富，有藝術天份，警覺性強，心機較重。

二、黑黑的手：做人較粗枝大葉，為人誠實，較不重外表。

三，細嫩的手：頭腦敏銳，對小事比較會計較。

四、乾燥的手：運途較不順暢，可能有身體上的毛病。

五，光滑的手：人際關係好，感情豐富，做人圓融。

六，粗糙的手：個性急，做事衝動，固執較不會表達。

七，油膩的手：精神易緊張，心胸放不開，易神經衰弱。

兩手互握個性診斷法

請將兩手手指自然交叉相握，如果您的狀況

為：**右手拇指在上，左手在下**

說明

兩手互握時右手的大拇指在上的人，在事情的想法上會比較理性，在價值上的判斷會比較現實。

請將兩手手指自然交叉相握，如果您的狀況

為：**左手拇指在上，右手在下**

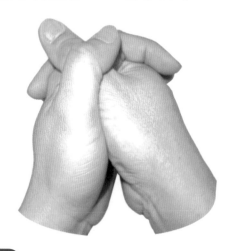

說明

左手的大拇指在上的人，個性上是比較有特殊想法，喜歡與別人不同，講求自我風格的理想主義者。

每根手指代表的意義

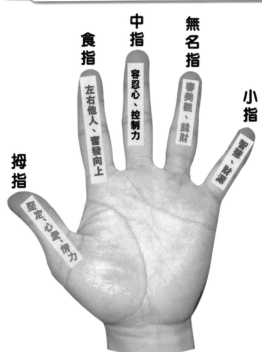

中指
容忍心、控制力

食指
左右他人、奮發向上

無名指
審美觀、錢財

小指
智慧、財源

拇指
堅定、心愛、精力

◆手指代表的象徵意義

◎另類說明：戒指戴法的含意

國際上所流行的戴法：

食指―想結婚，表示未婚

中指―已經在戀愛中

無名指―表示已經結婚

小指―表示獨身

◎另類說明：戒指戴法的含意

開運的戴法：

食指―求事業

中指―求婚姻

無名指―戒桃花

小指―防小人

手指長度特性診斷法

◆ 比較拇指的長度

A 拇指長的人

在食指第一指節
中間段的上半段內

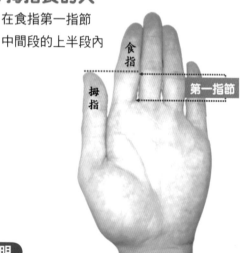

食指

拇指

第一指節

說明

意志力比別人強，天生就具有強烈的領導才華，
做任何事情，不喜歡被拘束，也絕不輕易認輸。

B 拇指長度標準的人

在食指第一指節的中間

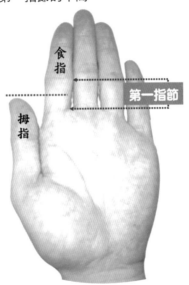

食指

第一指節

拇指

說明

個性很理智，具有冷靜的判斷力，做任何事情都能拿捏到恰當好處，是屬於一個很務實且腳踏實地的人。

ⓒ 拇指短的人

在食指第一指節中間段的下半段內

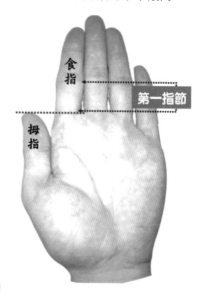

說明

較幼稚、懦弱及依賴，做任何事情比較沒有主見，挫折感也很重。卻是個鬼靈精怪，創意及鬼點子特別多。

◆ 食指與無名指的長度

A 食指比無名指長的人

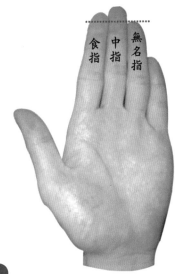

食指　中指　無名指

說明

好面子、愛表現、好勝、有王者風範，領袖型人物，且很有責任感，喜歡照顧弱小，不畏強權。

Ⓑ 食指跟無名指的長度相同的人

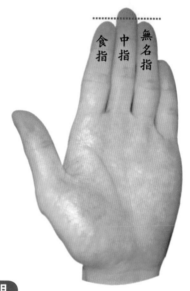

食指　中指　無名指

說明

悶騷型但有個性，性格也較孤癖，不善交際，且嫉惡如仇，自我防衛心更是強烈，所以人際關係比較不好。

ⓒ 食指比無名指短的人

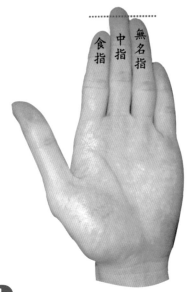

食指　中指　無名指

說明

為人親切、處事圓融，通情達理，在新的環境馬上能與人打成一片，其缺點就是欠缺判斷能力。

◆ 比較中指的長度

Ⓐ 中指特長的人

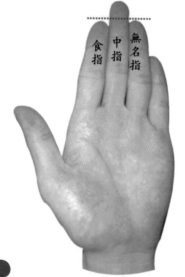

食指　中指　無名指

說明

易有自閉的傾向，總會對芝麻小事耿耿於懷，不
輕易相信別人，悶悶不樂，只要敞開心胸，可有
一番作為。

B 中指長度均衡的人

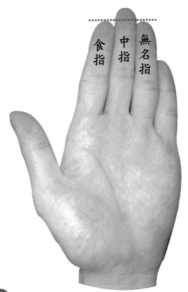

食指　中指　無名指

說明

相當的注重面子及別人對他的看法，喜歡打扮，
希望眾人目光都在他的身上，更是很注重名譽地
位的人。

C 中指長度短的人

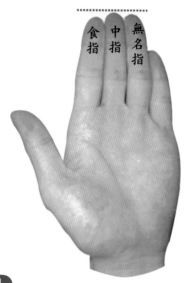

食指　中指　無名指

說明

這種人幾乎都會很有錢，比較會獨善其身，自掃門前雪，自我為中心，欠缺正義感，標準的鐵公雞。

◆ 比較小指的長度

Ⓐ 小指長的人

在無名指第二指節上方

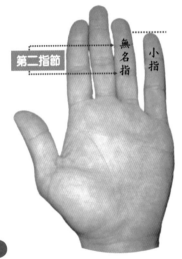

第二指節　無名指　小指

說明

天賦異秉，多才多藝，充滿藝術細胞，外表更是出眾，且能吸引異性目光，對異性更具魅力，桃花不斷。

Ⓑ 小指長度均衡的人
與無名指第二指節相同

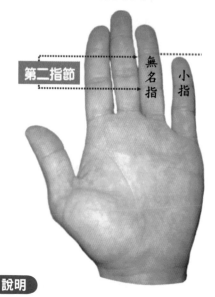

第二指節

無名指

小指

說明

這種人較追求穩定的生活，不僅工作要穩定，感情也要穩定，思想與行為上也較成熟，個性較保守。

Ⓒ 小指長度短的人
在第二指節下方

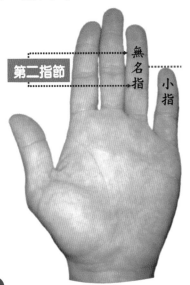

第二指節 → **無名指** ... **小指**

說明

這種人特別會有不婚主義的情況，不喜歡被家庭給綁死，就算結了婚，也不一定會生育小孩。

手指自然伸出診斷法

一 五指全部張開

平常放鬆時

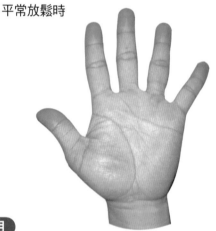

說明

性格活潑、外向。不拘小節，富行動力。做事主動、積極。五指稍微張開的人成熟穩重，較固執，但做事踏實，待人誠懇，負責任心，值得信賴。

二 五指略為收縮

平常放鬆時

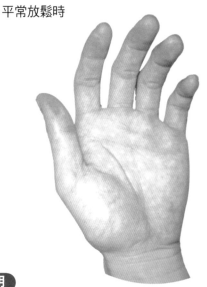

說明

手指略為向內緊縮的人，這種人很適合做生意，因為天生就具有賺錢的頭腦，個性較為保守、小心、節儉，具備有超高商業的手腕，能屈能伸，只要好好善用，「錢途」定能無量。

三 五指全部併攏

平常放鬆時

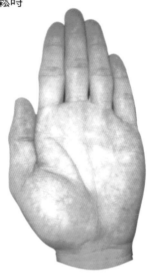

說明

伸手時，五指緊密合併，這種人性子急，容易精
神緊繃，凡事再三思考，要求事情一定要做到自
己滿意，若不是自己有所計畫或有把握的事，絕
不會輕易去做。

（四） 拇指單獨離開，其餘四指緊密合併

平常放鬆時

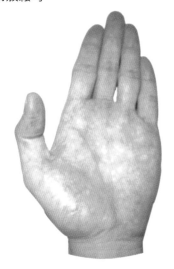

說明

這種人外表炯炯有神，頭腦敏銳、反應快，對人謙虛、有禮貌，更善於拿捏事情輕重，做事井然有序。金錢方面不虞匱乏，有理財頭腦，勇於冒險，小心求證，用小錢賺大錢。

五 食指與中指有間隔，其餘的手指併攏

平常放鬆時

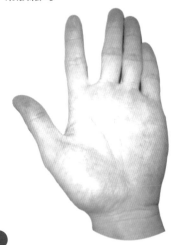

說明

中指與食指分開，這種人，很有主見，比較自大，認為自己就是最強最厲害，較不能接受別人的批評跟意見。一般適合從事高層工作，扮演領導的角色，當主管絕對稱職。

六 中指與無名指留有間隔，其餘的手指併攏

平常放鬆時

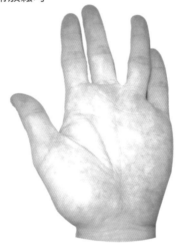

說明

這種人特別的開朗、脾氣好、人緣好、好相處、積極樂觀，身邊的貴人特別多，雖然會遇上一些困難的事情，但也很快順利過關，一生將吃苦當作吃補，容易成功。

（七）無名指與小指分開，其餘的手指併攏

平常放鬆時

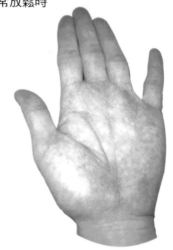

說明

這種人看起來相當成熟穩重，能獨當一面，決定事情會再三考慮，採三思而後行，絕不魯莽行事，喜歡無拘無束的生活，行事不想被管太多，生活不想受拘束，會有點任性。

由指甲來判斷個性

長指甲

說明

指甲修長的人喜歡漂亮，具有藝術特質，略有神經質。身體部分，呼吸系統、胃腸系統較弱，對自我要求很高，凡事追求完美。這輩子可從事音樂、美術、設計方面的工作。

短指甲

說明

做人比較實在，忠厚老實。身體健康、體力好。
腦筋好，工作認真，有責任感，適合從事新聞傳
播及研發相關等工作。個性心直口快，缺乏幽默
感，容易得罪人或不肯屈就他人。

圓指甲

說明

圓形指甲的人，熱情且開朗，無憂無慮，對任何事情也比較不會去計較。沒有金錢觀念，缺乏自制力，心地善良，很容易去相信別人，小心因被騙而導致心裡鬱悶，影響身體健康。

**橢圓形
指甲**

說明

橢圓形的指甲，是最漂亮的指型。為人熱情且很
有人緣。適合從事有關美的工作。很注重外表，
因此容易被欺騙感情。工作上，缺乏耐性，但只
要是自己喜歡的工作，都會盡全力去完成。

扇形指甲

說明

指甲呈扇形張開的人，佔少數，因為這種人個性
比較詭異，思維邏輯也比較特別，甚至超乎常人
的方式，做事獨斷獨行，很難與一般人融洽相
處，容易與人有爭執，放下己見則會有大作為。

四方形指甲

說明

個性樸實。缺乏浪漫的情趣,是一位很專情的人。
對於份內的工作定能盡心盡力去完成。待人誠信,
雖然有些古板老氣,仍受到朋友、親人的肯定。很
會賺錢,不愛花錢,要加強投資理財喔。

尖頭型

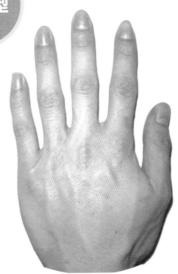

說明

腦筋聰明,做事細心且有耐心,直覺敏銳,喜歡
幻想,多愁善感,情緒不穩定,讓人有種高不可
攀的感覺。

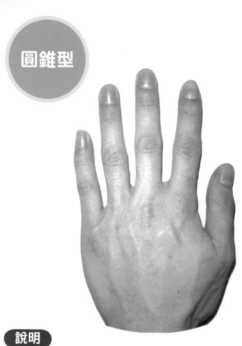

圓錐型

說明

為人八面玲瓏、親切、活潑、大方，人際關係良好，社交型的性格，相當適合從事銷售業及服務業方面工作。

刮勺型

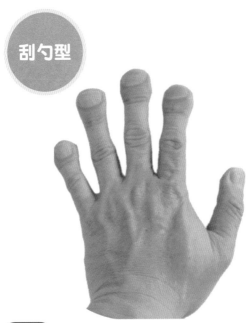

說明

喜新厭舊，鬼腦筋，IDEA多、點子多、有創意，個性積極，充滿活力，很霸道強勢，很有野心，常常自以為是。

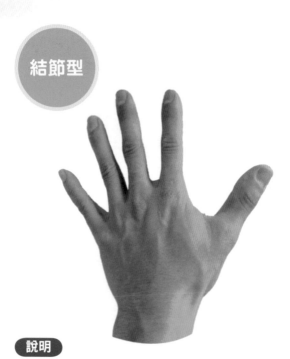

結節型

說明

有點神經質，很會分析事情每件事都能把它變得很有條理，不會但又想知道的事情，一定要把它學會搞懂。

原始型

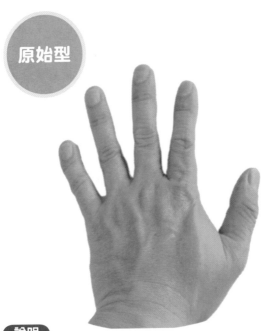

說明

是一位對工作很有熱忱的人,個性非常「古意」、正直、誠實,太深奧的東西,腦筋會轉不過來喔,請饒了我吧。

第二單元

各類手紋線代表意義

◆ 三種主要的手紋線

感情線
可以觀察戀愛及婚姻、愛情狀況

生命線
可以觀察生命力及體力、健康狀態

智慧線
可以觀察智慧及才能、工作運

◆ 找出最明顯的手紋線

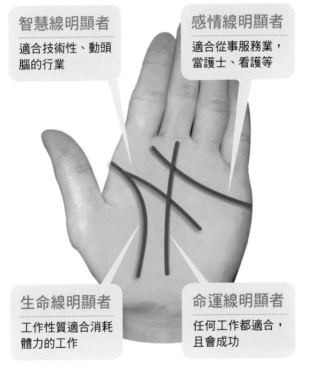

智慧線明顯者
適合技術性、動頭腦的行業

感情線明顯者
適合從事服務業，當護士、看護等

生命線明顯者
工作性質適合消耗體力的工作

命運線明顯者
任何工作都適合，且會成功

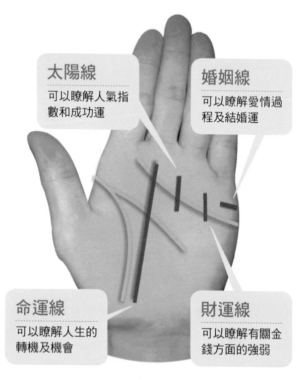

太陽線
可以瞭解人氣指數和成功運

婚姻線
可以瞭解愛情過程及結婚運

命運線
可以瞭解人生的轉機及機會

財運線
可以瞭解有關金錢方面的強弱

各種特殊的細紋

◆ 查出手掌的特殊細紋

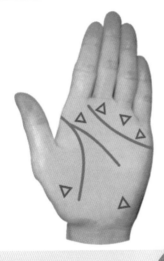

出現此紋表示運勢減弱、好運不再、阻礙困難接連而來。

三角紋

X字紋 出現X字紋是困難發生的時候，不幸、失敗、困苦接踵而來。

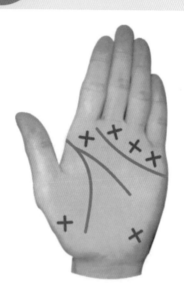

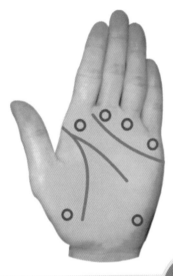

會有重大變化之轉捩點時會顯現。

環　紋

星 紋 在掌心內是吉相，其餘表凶相，所以以掌中星是好的。

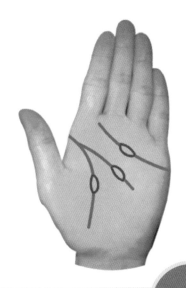

不順心或遭遇麻煩，會顯現
此紋。

島　紋

點　此紋出現時，會有暫時性的麻煩。

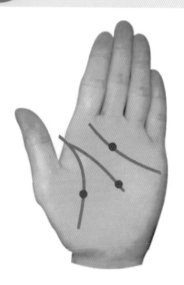

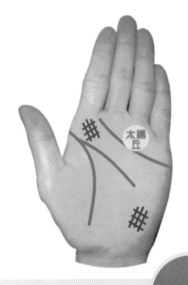

太陽丘

會加強或削弱該區塊的功能。

格子紋

井字紋 較容易受阻,但突破後就會
順暢。

◆ 其解析複雜的特殊掌紋

上叉線

吉祥之手紋，可以扭轉目前的劣勢，蒸蒸日上。

下叉線

末端後繼無力，節節衰退影響好的運勢，須預防。

斷線

中斷的手紋，容易會有意外或不好的事情發生。

鎖鏈紋

會有糾纏或麻煩的事情一直持續發生無法解決。

連鎖島紋

阻礙、困難重重，想要做的
事情總是無法順利完成。

網格紋

運勢較不好的時候，特別
容易有意外或疾病發生。

X字紋

只要出現就可能會發生無助、不幸、失敗、懊惱。

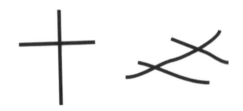

三角紋

降低好的運勢,阻撓目前的氣勢,好運大打折扣。

四方紋

雖然常出現很多困難，
但都可以突破困境。

圈紋

運氣不佳，困難重重，
要掙脫相當困難。

斑點

暫時性的困難，有疾病及困難的象徵。

星紋

在手掌心的話較吉利，其餘位置比較不好。

各種丘的看法與意義

土星丘
可以看出忍耐程度及細心程度。

太陽丘
可以看出品味、才華及財運狀況。

木星丘
顯示名望、支配力、野心。

水星丘
可以看出外緣及做生意的才能。

第一火星丘
可以看出一個人的行動力。

第二火星丘
可以看出自制力及上進心。

金星丘
可以看出愛情運及健康狀況。

太陰丘
可以看出創意天分及想像力。

火星平原
可以看出內心的狀況。

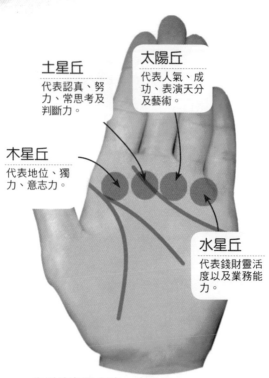

土星丘
代表認真、努力、常思考及判斷力。

太陽丘
代表人氣、成功、表演天分及藝術。

木星丘
代表地位、獨力、意志力。

水星丘
代表錢財靈活度以及業務能力。

◎丘隆起且有肉，表示好。
◎丘不發達且無肉，表示不好。

太陽丘

此部分隆起的人，財運很好，唯太過隆起時，很容易就變成有奢侈的習慣。

水星丘

有隆起的人，有商業才華；沒有隆起的人存不了錢。

土星丘

隆起的人，是有計畫且節儉之人；無隆起的人，會較無計畫性地花錢。

火星平原

此部分平緩凹陷的人，是屬活力旺盛的人，但凹陷太深的人經過努力後仍得不到回報。

太陰丘

此部分不是相當豐隆的人金錢觀念較淡薄，花費較無節制，屬於浪費型的人。

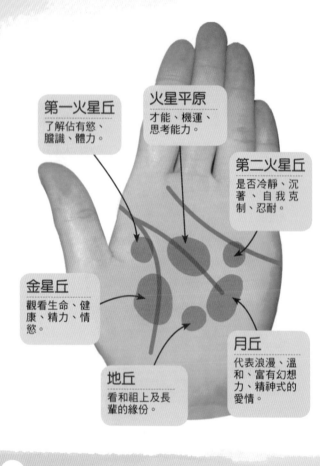

第一火星丘
了解佔有慾、膽識、體力。

火星平原
才能、機運、思考能力。

第二火星丘
是否冷靜、沉著、自我克制、忍耐。

金星丘
觀看生命、健康、精力、情慾。

地丘
看和祖上及長輩的緣份。

月丘
代表浪漫、溫和、富有幻想力、精神式的愛情。

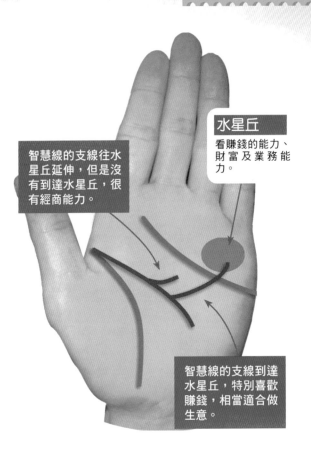

水星丘
看賺錢的能力、財富及業務能力。

智慧線的支線往水星丘延伸，但是沒有到達水星丘，很有經商能力。

智慧線的支線到達水星丘，特別喜歡賺錢，相當適合做生意。

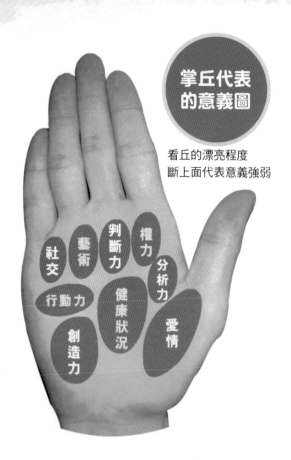

掌丘代表
的意義圖

看丘的漂亮程度
斷上面代表意義強弱

權力

判斷力

藝術

社交

分析力

行動力

健康狀況

創造力

愛情

第三單元

生命線的流年診斷法

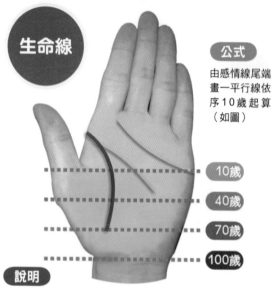

生命線

公式

由感情線尾端畫一平行線依序10歲起算（如圖）

10歲

40歲

70歲

100歲

說明

由流年看生命線區塊，紋路變化得知身心健康狀況；紋路深且長，屬健康狀況好，紋路淺且短，則要注意多運動少吃油膩。

由生命線看各種身體狀況

◆ 由生命線看老年狀況

生命線長且清晰的人，是屬於可以過健康且長壽人生的類型。

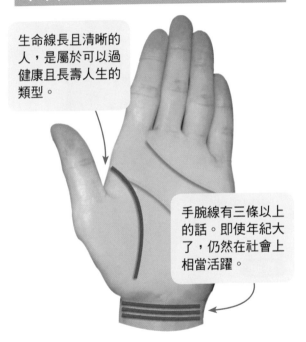

手腕線有三條以上的話。即使年紀大了，仍然在社會上相當活躍。

79

◆ 由生命線看體力狀況

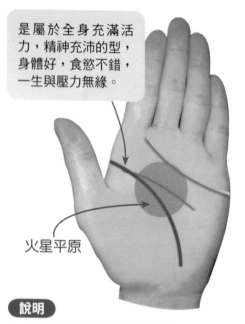

是屬於全身充滿活力，精神充沛的型，身體好，食慾不錯，一生與壓力無緣。

火星平原

說明

生命線的起點與智慧線有很長的交叉，並伸展到火星平原。

◆ 雙重生命線的狀況

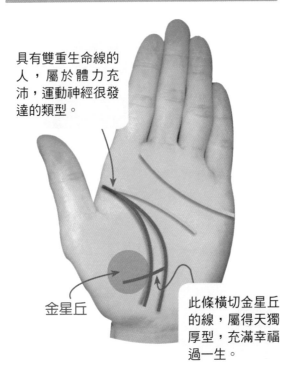

具有雙重生命線的人，屬於體力充沛，運動神經很發達的類型。

金星丘

此條橫切金星丘的線，屬得天獨厚型，充滿幸福過一生。

◆ 有副生命線的狀況

生命線的內側有一條短短、平行伸展的副生命線。

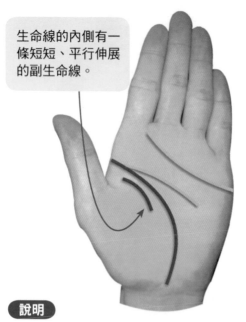

說明

有副生命線的人腸胃很健康，也很有行動力，不知道疲累，體力恢復很快。

◆ 生命線斷續的狀況

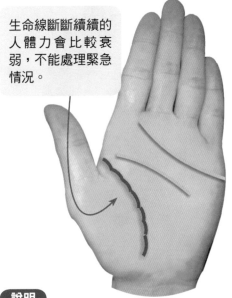

生命線斷斷續續的人體力會比較衰弱，不能處理緊急情況。

說明

生命線斷斷續續的人，在呼吸器官方面衰弱的可能性很高，所以要特別注意。

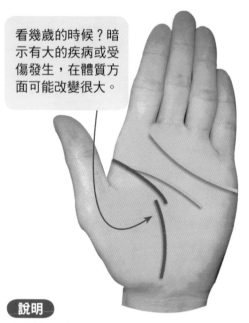

看幾歲的時候？暗示有大的疾病或受傷發生，在體質方面可能改變很大。

說明

生命線在途中有斷線的人，表示在人生的中途上可能會有健康方面的變化。

你有無旅行線？

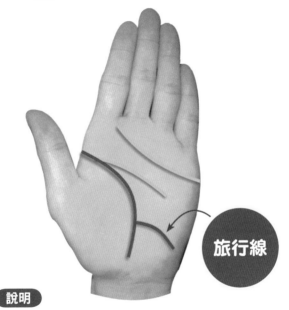

旅行線

說明

生命線下方分開成兩條，有精力，有行動力，身心健康適應性強，忍耐性也強的型。

生命線上出現島紋
的人，是屬於容易
罹患慢性疾病的類
型。

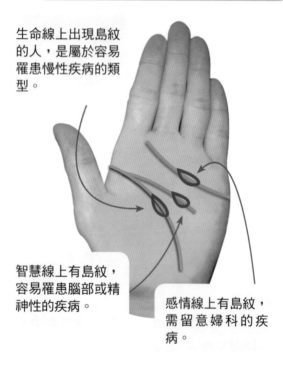

智慧線上有島紋，
容易罹患腦部或精
神性的疾病。

感情線上有島紋，
需留意婦科的疾
病。

◆ 生命線出現 X 字紋

生命線上
顯現 X 字紋

說明

出現此紋表示經常會受傷，有很多是因不小心引
起的，所以應該要特別注意。

◆ 生命線成鎖鏈狀

生命線和智慧線
在一起的部分成
鎖鏈狀。

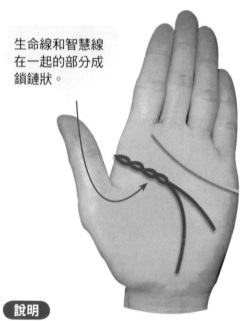

說明

天生屬抵抗力較弱的型，需留意支氣管及呼吸器
官之毛病。

◆ 橫切線及格線的狀況

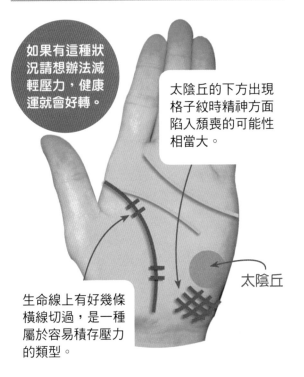

如果有這種狀況請想辦法減輕壓力，健康運就會好轉。

太陰丘的下方出現格子紋時精神方面陷入頹喪的可能性相當大。

太陰丘

生命線上有好幾條橫線切過，是一種屬於容易積存壓力的類型。

生命線有無出現疲勞線

生命線的中央部分，出現了好幾條朝下的線。

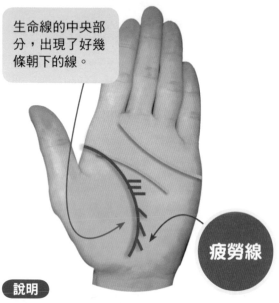

疲勞線

說明

容易積存疲勞，倦怠型人物常為失眠及食慾不振所苦，對嗎？

健康線出問題的線況

◆ 健康線出現島紋

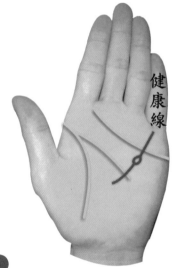

健
康
線

說明

因長期壓力造成身心不協調，該注意！內臟的功
能會降低，慎防病變。

◆ 健康線出現Ｘ紋

健康線

說明

因長時間的視神經疲勞需減低視力、壓力，眼精
多休息，注意腎臟。

◆ 健康線出現島紋狀況

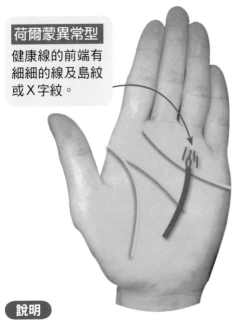

荷爾蒙異常型
健康線的前端有細細的線及島紋或X字紋。

說明

出現此紋有可能是荷爾蒙失去平衡，女性或子宮、卵巢有小病變。

◆ 太陰丘下的橫切線

太陰丘的下方有好幾條從手腕附近開始的橫切線。

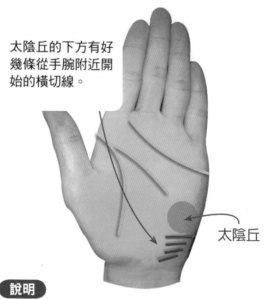

太陰丘

說明

有出現此紋表示身體狀況有異常，是肝功能降低的狀況，必須節制飲酒、抽菸、檳榔等，控制好身體狀況。

生命線的弧度

◆ 生命線離中心線遠

中心線

生命線

說明

身體的先天動能較差，抵抗力弱，個性消極，為人和氣，也比較不會表達，容易與人有代溝，較重視精神生活。

◆ 生命線離中心線近

中心線

生命線

說明

身心健康均衡，生活幸福美滿，人際關係良好，
經濟穩定，是不錯的型喔！

◆ 生命線超過中心線

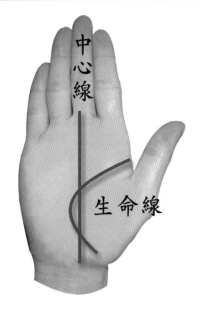

說明

屬精力型，整天看起來都充滿活力，對任何事物
很有信心，要幹活可以全力以赴，是屬強人類
型，感情、事業都可以掌握。

◆ 生命線呈直線下降

中心線

生命線

說明

少年運頗佳，出生環境不錯，唯缺乏外界的適應能力，往往一出了社會就無法突破。縱使滿懷理想，終因能力不足而無法實現，可能會半途而廢。

什麼是障礙線？

◆ 障礙線一口氣橫切過

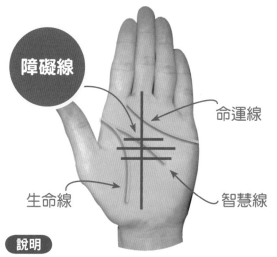

障礙線

命運線

生命線

智慧線

說明

障礙線橫切生命線、智慧線和命運線，表示會有離婚、失業、降職、破產、大病發生等，在30到40歲左右會遭遇種種的災難。

第四單元

由智慧線看個性

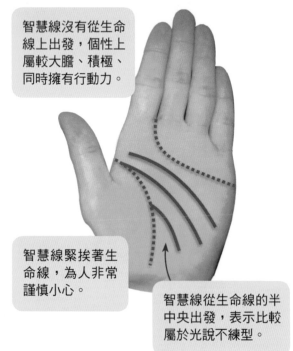

智慧線沒有從生命線上出發，個性上屬較大膽、積極、同時擁有行動力。

智慧線緊挨著生命線，為人非常謹慎小心。

智慧線從生命線的半中央出發，表示比較屬於光說不練型。

各類型智慧線的判斷法

◆ 生命線與智慧線結合

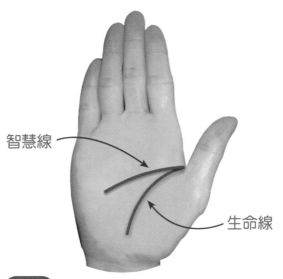

智慧線

生命線

說明

思想敏銳、深思熟慮、多愁善感、較沒行動力。

◆ 智慧線未端在月丘上

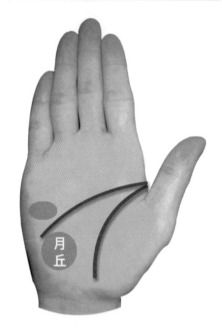

月丘

說明

可以編織美好的事物，對音樂、美術、文藝有天分、有幻想力，總之就是一個富有藝術氣息之人。

◆ 生命線與智慧線分開

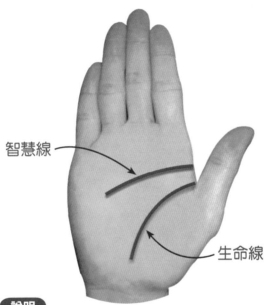

智慧線

生命線

說明

具聰穎頭腦，有意志力，獨立自主，能擁有一番
成就，但有我行我素的現象。

◆ 智慧線末端延伸至月丘

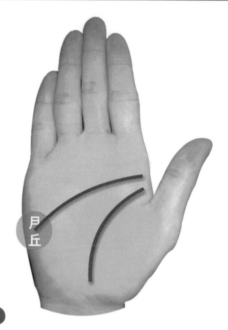

月丘

說明

天生就喜歡說話，適合從事研究或教學工作，思想才能都兼備，但有時過於理想。

◆ 比較我行我素型

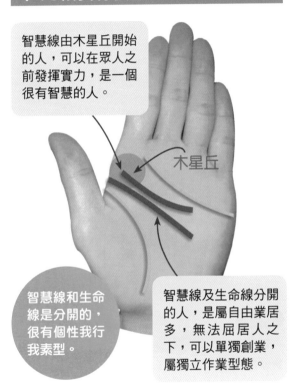

智慧線由木星丘開始的人，可以在眾人之前發揮實力，是一個很有智慧的人。

木星丘

智慧線和生命線是分開的，很有個性我行我素型。

智慧線及生命線分開的人，是屬自由業居多，無法屈居人之下，可以單獨創業，屬獨立作業型態。

◆ 智慧線延伸月丘上方

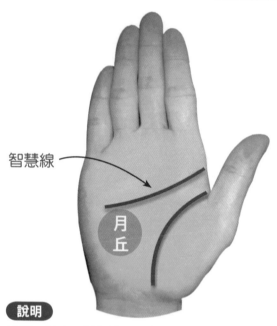

智慧線

月丘

說明

沈穩、踏實，積極進取，擅交際應對，但比較不
會運用金錢，屬於保守派。

◆ 工作不易穩定類型

智慧線斷斷續續的人
比較難擁有固定職
業，是屬於經常轉換
職業的類型。

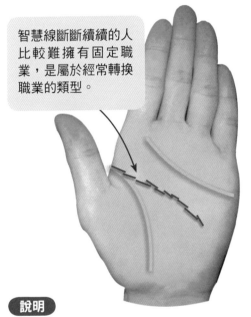

說明

難保有一個固定且長久的工作，因思想與判斷出
現斷續現象。

◆ 雙重智慧線的特性

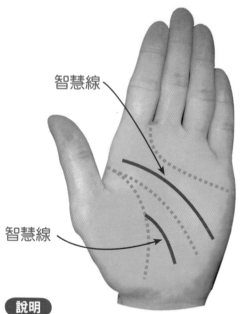

智慧線

智慧線

說明

發現手上有二條智慧線，就表示腦筋動得很快，
很會開創新的事物，此生中一定會成功。

◆ 智慧線延伸各丘特性

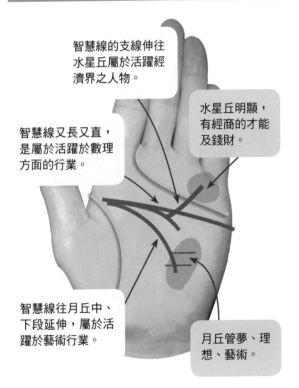

智慧線的支線伸往水星丘屬於活躍經濟界之人物。

水星丘明顯，有經商的才能及錢財。

智慧線又長又直，是屬於活躍於數理方面的行業。

智慧線往月丘中、下段延伸，屬於活躍於藝術行業。

月丘管夢、理想、藝術。

由智慧線看工作狀況

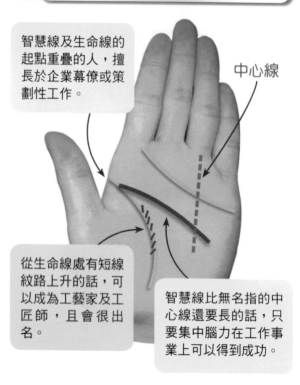

智慧線及生命線的起點重疊的人，擅長於企業幕僚或策劃性工作。

中心線

從生命線處有短線紋路上升的話，可以成為工藝家及工匠師，且會很出名。

智慧線比無名指的中心線還要長的話，只要集中腦力在工作事業上可以得到成功。

由智慧線看個人特質

◆ 想像力豐富的類型

大拇指有類似(1)或(2)金星環紋路的話,表示靈感很豐富。

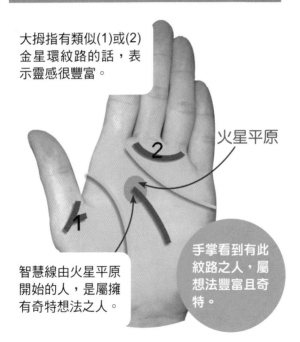

火星平原

智慧線由火星平原開始的人,是屬擁有奇特想法之人。

手掌看到有此紋路之人,屬想法豐富且奇特。

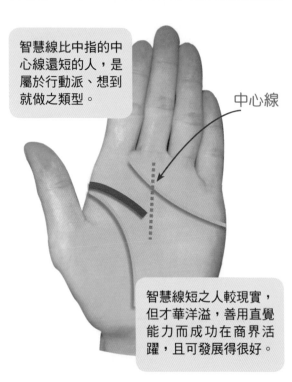

◆ 屬於很有才華類型

智慧線比中指的中心線還短的人，是屬於行動派、想到就做之類型。

中心線

智慧線短之人較現實，但才華洋溢，善用直覺能力而成功在商界活躍，且可發展得很好。

◆ 追求浪漫的類型

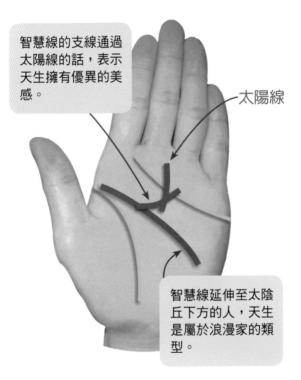

智慧線的支線通過太陽線的話，表示天生擁有優異的美感。

太陽線

智慧線延伸至太陰丘下方的人，天生是屬於浪漫家的類型。

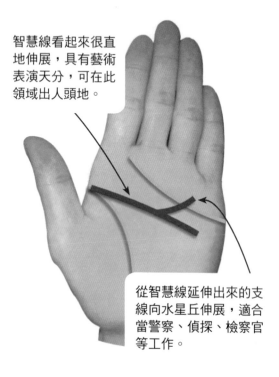

智慧線看起來很直地伸展,具有藝術表演天分,可在此領域出人頭地。

從智慧線延伸出來的支線向水星丘伸展,適合當警察、偵探、檢察官等工作。

◆ 具有優秀經商類型

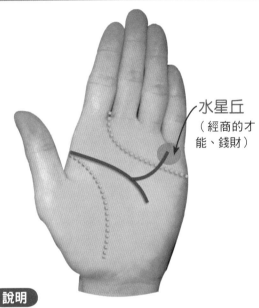

水星丘
（經商的才
能、錢財）

說明

智慧線的支線伸到水星丘上，表示有商業頭腦，
大部分的經理都有這樣的手相，是一個擅長經商
和經營公司的人。

◆ 極優秀生意人型

有此線的話，語言表達能力強，適合找靠嘴吃飯的工作。

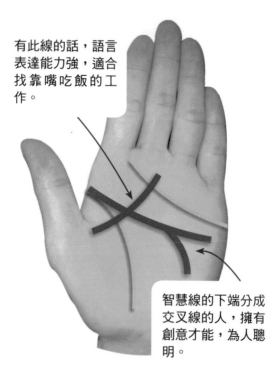

智慧線的下端分成交叉線的人，擁有創意才能，為人聰明。

◆ 有直覺線想像力豐富型

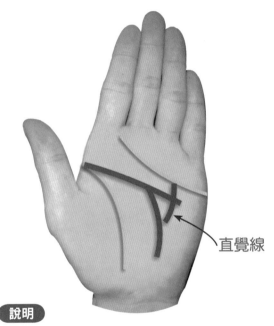

直覺線

說明

可以將想像的東西具體化，而獲致成功，尤其在藝術及文學方面，備受肯定。

◆ 有領導統馭的型

有所羅門環的話，領導統馭非常卓越。

有太陽線者，擁有將計畫轉變成金錢的能力。

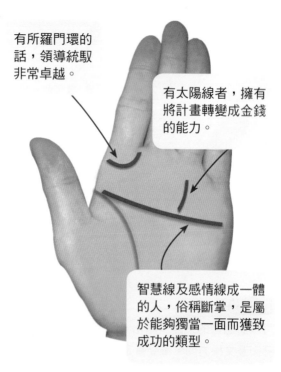

智慧線及感情線成一體的人，俗稱斷掌，是屬於能夠獨當一面而獲致成功的類型。

◆ 喜愛思索追根究底型

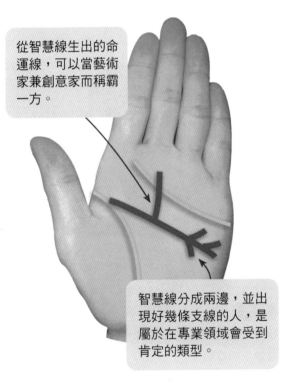

從智慧線生出的命運線，可以當藝術家兼創意家而稱霸一方。

智慧線分成兩邊，並出現好幾條支線的人，是屬於在專業領域會受到肯定的類型。

工作上會遇到障礙的線

◆ 工作中常會有很多障礙

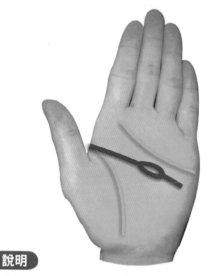

說明

智慧線上出現島紋的時候，暗示將遇到關於工作事業上的麻煩。

◆ 智慧線末端分岔

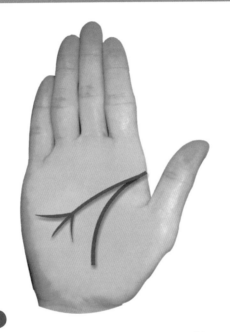

說明

多才多藝，感情豐富，頭腦靈巧，凡事能舉一反三，擅理財但缺乏耐力，適合動腦及應變的行業。

第五單元

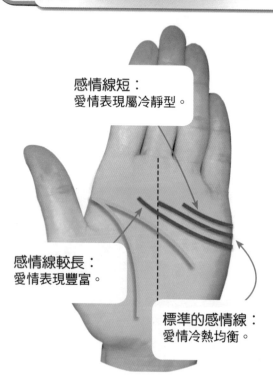

檢查感情線的重點

感情線短：
愛情表現屬冷靜型。

感情線較長：
愛情表現豐富。

標準的感情線：
愛情冷熱均衡。

如何從感情線看出各種狀況

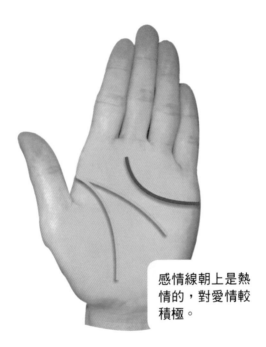

感情線朝上是熱情的，對愛情較積極。

感情線朝下是悲觀的，對愛情較消極。

感情線伸展到 中指下方

對愛情總是充滿熱戀 得無法自拔情況。

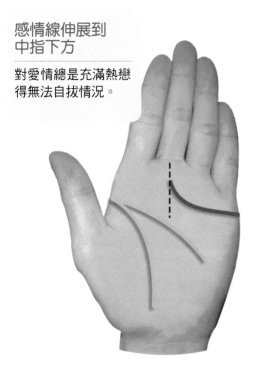

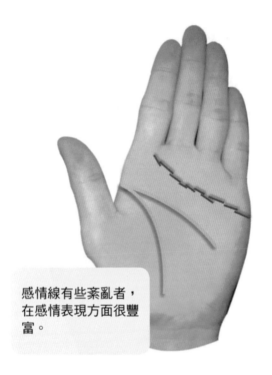

感情線有些紊亂者，
在感情表現方面很豐
富。

感情線伸展到
食指及中指處

會考慮到對方的穩健
型，心地善良，少有
戀愛困擾。

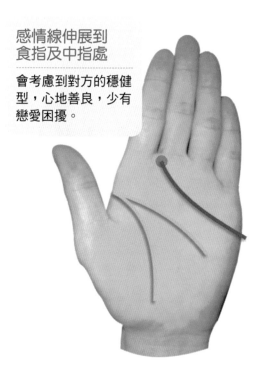

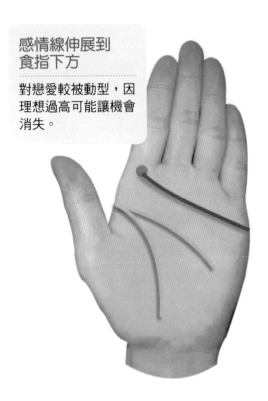

感情線伸展到
食指下方

對戀愛較被動型，因
理想過高可能讓機會
消失。

感情線的各種障礙線

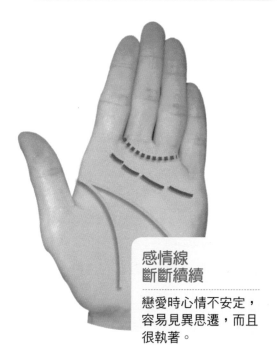

感情線
斷斷續續

戀愛時心情不安定，
容易見異思遷，而且
很執著。

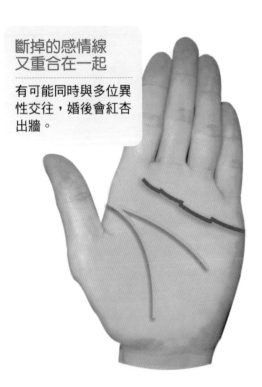

斷掉的感情線
又重合在一起

有可能同時與多位異
性交往，婚後會紅杏
出牆。

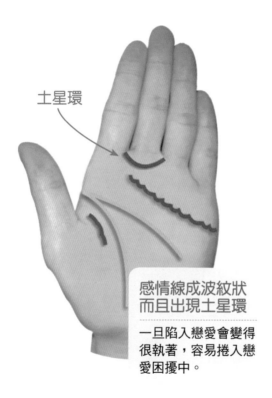

土星環

感情線成波紋狀
而且出現土星環

一旦陷入戀愛會變得
很執著，容易捲入戀
愛困擾中。

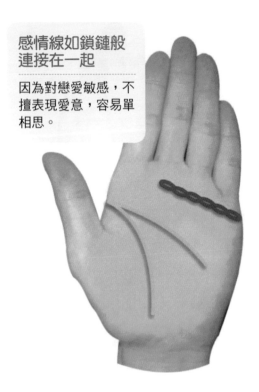

感情線如鎖鏈般連接在一起

因為對戀愛敏感，不擅表現愛意，容易單相思。

感情線的前端朝下伸展且命運線也很亂

不能由自己做主，易隨波逐流，很容易有依賴對方的情況。

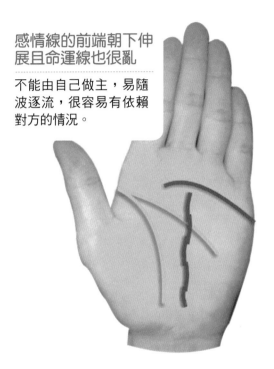

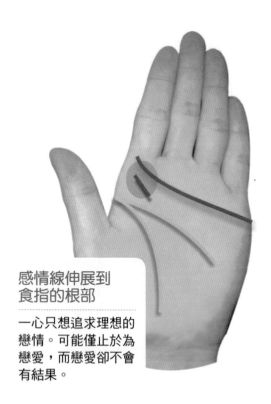

感情線伸展到
食指的根部

一心只想追求理想的
戀情。可能僅止於為
戀愛，而戀愛卻不會
有結果。

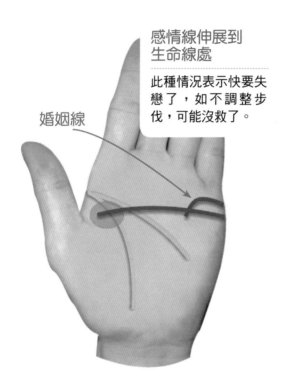

感情線伸展到
生命線處

此種情況表示快要失
戀了，如不調整步
伐，可能沒救了。

婚姻線

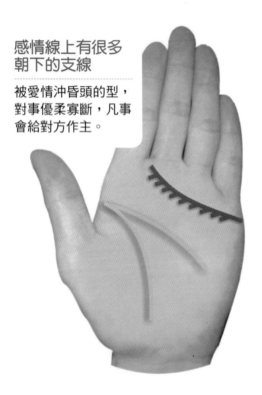

感情線上有很多朝下的支線

被愛情沖昏頭的型，對事優柔寡斷，凡事會給對方作主。

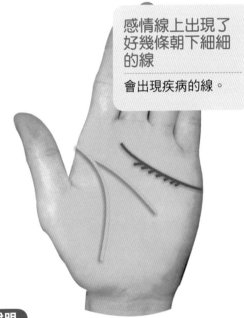

感情線上出現了
好幾條朝下細細
的線

會出現疾病的線。

說明

有此紋路出現時，是神經過敏現象，因積存了精
神性的疲勞，所以會引發胃腸毛病。

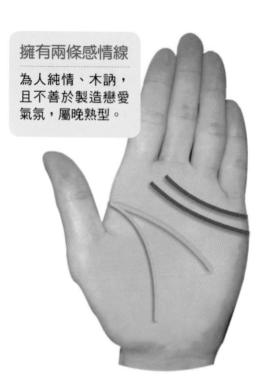

擁有兩條感情線

為人純情、木訥，
且不善於製造戀愛
氣氛，屬晚熟型。

感情線的前端離指頭的根部相當遠，且有放縱線或金星環或活力線

性愛對象較不固定，屬奔放型，容易陷入性愛的快樂中。

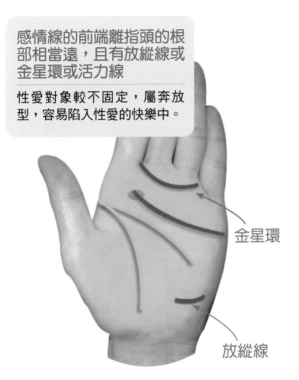

金星環

放縱線

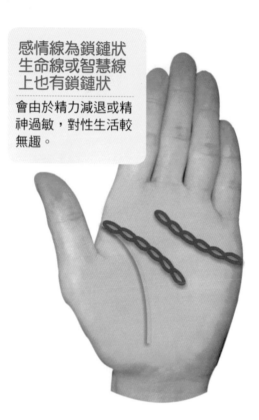

感情線為鎖鏈狀
生命線或智慧線
上也有鎖鏈狀

會由於精力減退或精
神過敏，對性生活較
無趣。

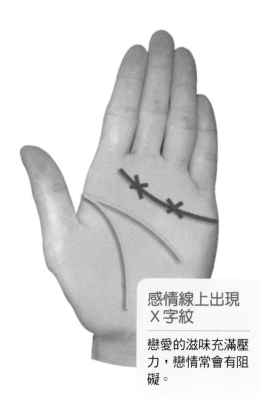

感情線上出現X字紋

戀愛的滋味充滿壓力，戀情常會有阻礙。

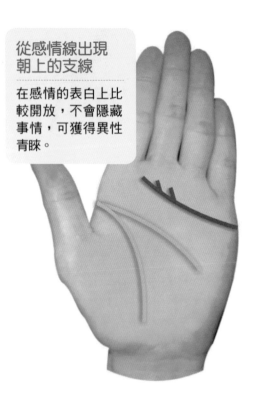

從感情線出現
朝上的支線

在感情的表白上比
較開放，不會隱藏
事情，可獲得異性
青睞。

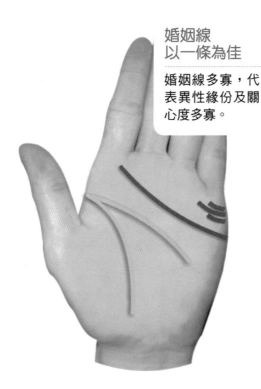

婚姻線
以一條為佳

婚姻線多寡，代
表異性緣份及關
心度多寡。

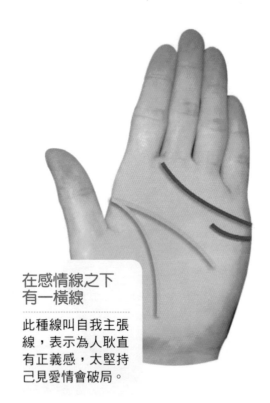

在感情線之下
有一橫線

此種線叫自我主張
線，表示為人耿直
有正義感，太堅持
己見愛情會破局。

感情線清晰且只有
一條婚姻線，為理
想的婚姻線。

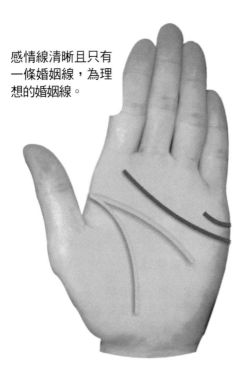

感情線橫切過手掌

此線俗稱斷掌，是一種智慧及權力的象徵。一生有領導的特質，所以會被冠上夫妻線，但絕對沒這回事，反而對感情會很理智。

什麼是金星環？

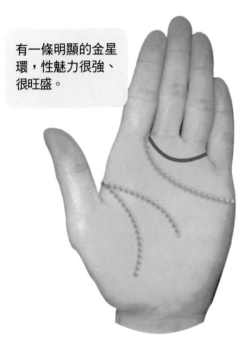

有一條明顯的金星環，性魅力很強、很旺盛。

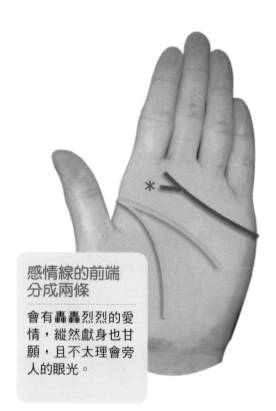

感情線的前端
分成兩條

會有轟轟烈烈的愛
情，縱然獻身也甘
願，且不太理會旁
人的眼光。

感情線向下
伸出許多支線

屬溫柔體貼型，
但優柔寡斷，需
靠相親結婚而自
己從不主動。

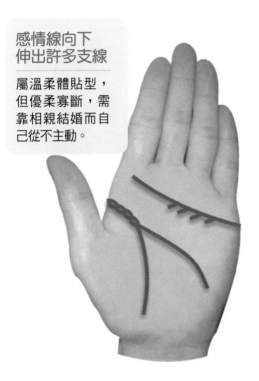

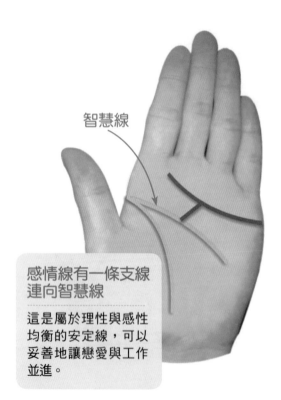

智慧線

感情線有一條支線
連向智慧線

這是屬於理性與感性
均衡的安定線，可以
妥善地讓戀愛與工作
並進。

◆ 看感情線指向到哪裡

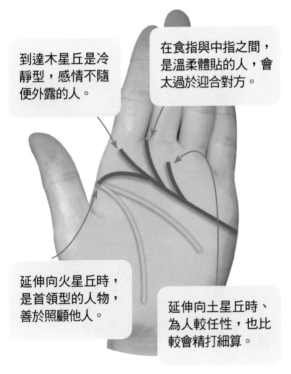

到達木星丘是冷靜型，感情不隨便外露的人。

在食指與中指之間，是溫柔體貼的人，會太過於迎合對方。

延伸向火星丘時，是首領型的人物，善於照顧他人。

延伸向土星丘時、為人較任性，也比較會精打細算。

什麼是寵愛線？

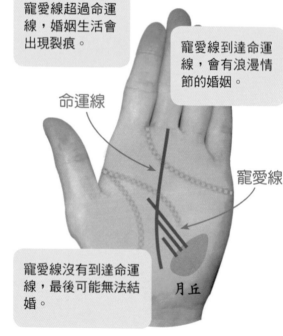

寵愛線超過命運線，婚姻生活會出現裂痕。

寵愛線到達命運線，會有浪漫情節的婚姻。

命運線

寵愛線

寵愛線沒有到達命運線，最後可能無法結婚。

月丘

結婚線從哪裡看？

結婚線的末端急轉彎伸向小指，會等待理想的結婚對象，而錯過適婚期。

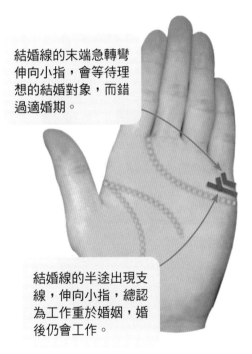

結婚線的半途出現支線，伸向小指，總認為工作重於婚姻，婚後仍會工作。

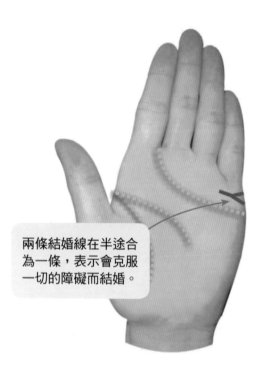

兩條結婚線在半途合
為一條，表示會克服
一切的障礙而結婚。

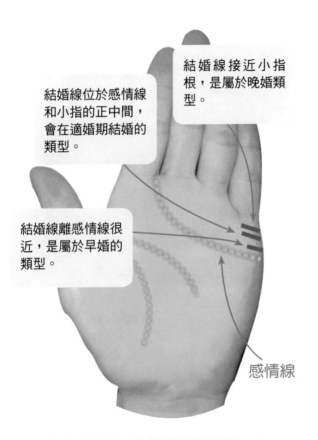

結婚線接近小指根，是屬於晚婚類型。

結婚線位於感情線和小指的正中間，會在適婚期結婚的類型。

結婚線離感情線很近，是屬於早婚的類型。

感情線

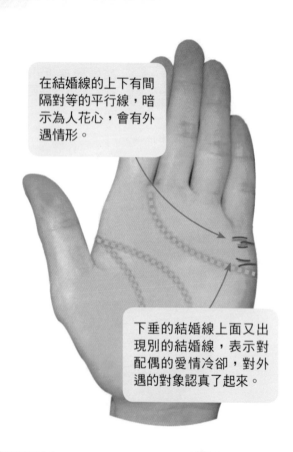

在結婚線的上下有間隔對等的平行線，暗示為人花心，會有外遇情形。

下垂的結婚線上面又出現別的結婚線，表示對配偶的愛情冷卻，對外遇的對象認真了起來。

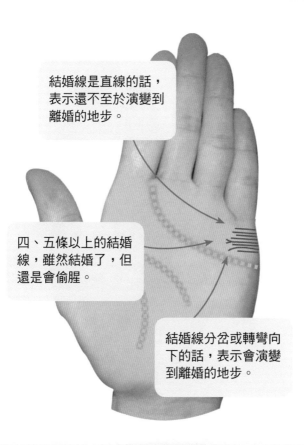

結婚線是直線的話，表示還不至於演變到離婚的地步。

四、五條以上的結婚線，雖然結婚了，但還是會偷腥。

結婚線分岔或轉彎向下的話，表示會演變到離婚的地步。

婚姻線的前端朝上升

對結婚會採積極態度，不管挫折多大，會跨越困難。

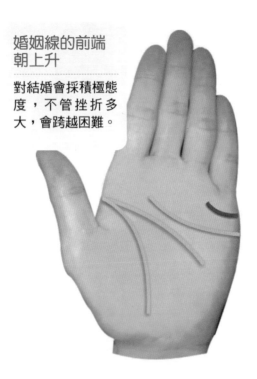

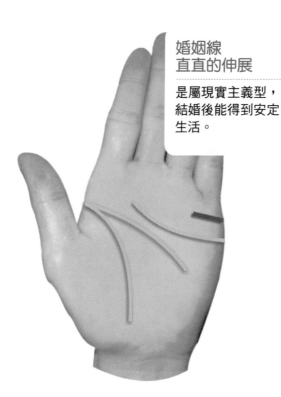

婚姻線
直直的伸展

是屬現實主義型，
結婚後能得到安定
生活。

婚姻線伸展到
中指及食指處
又遇上金星環

對結婚會採積極態
度，不管挫折多
大，會跨越困難。

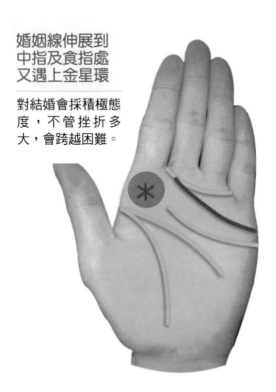

婚姻線上
顯現出島紋

會表現不安與不滿的型，容易在婚姻上有岐見而產生問題。

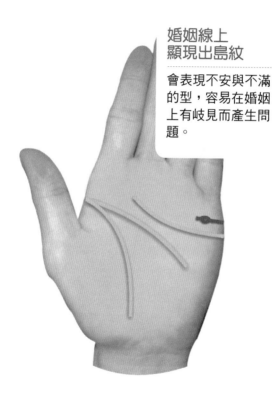

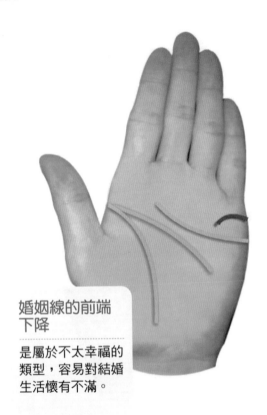

婚姻線的前端下降

是屬於不太幸福的類型，容易對結婚生活懷有不滿。

婚姻線的前端分岔成兩股

表示會有分離的現象，暗示會與結婚對象離別。

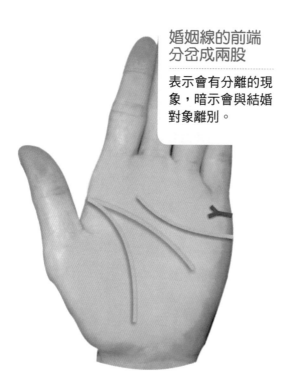

婚姻線明顯且延
伸並通過感情線

一生只會與相愛的
人廝守，愛家且會
有幸福的婚姻。

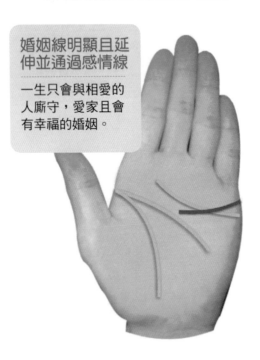

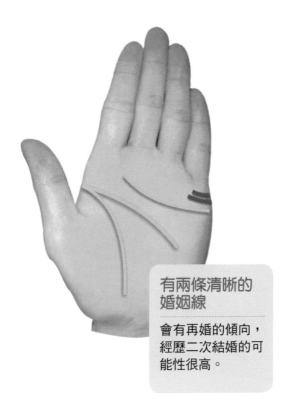

有兩條清晰的
婚姻線

會有再婚的傾向，
經歷二次結婚的可
能性很高。

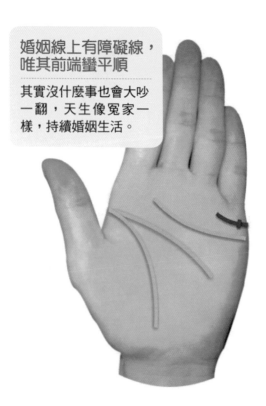

婚姻線上有障礙線，
唯其前端蠻平順

其實沒什麼事也會大吵
一翻，天生像冤家一
樣，持續婚姻生活。

有兩條同樣長度的婚姻線漂亮地伸展著

一生中會有二次大戀愛的機會，結婚前經歷大戀愛的可能性很高。

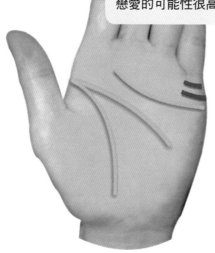

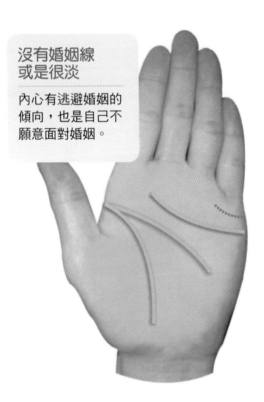

沒有婚姻線
或是很淡

內心有逃避婚姻的
傾向，也是自己不
願意面對婚姻。

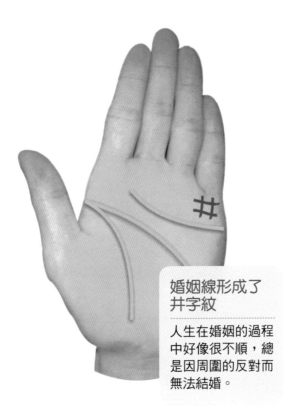

婚姻線形成了井字紋

人生在婚姻的過程中好像很不順，總是因周圍的反對而無法結婚。

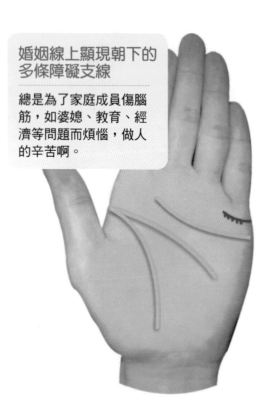

婚姻線上顯現朝下的多條障礙支線

總是為了家庭成員傷腦筋，如婆媳、教育、經濟等問題而煩惱，做人的辛苦啊。

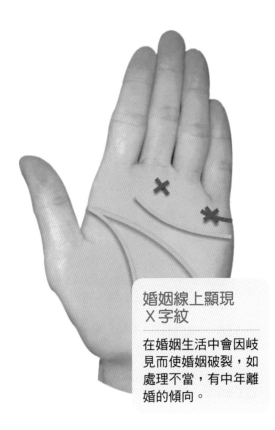

婚姻線上顯現
X字紋

在婚姻生活中會因岐見而使婚姻破裂，如處理不當，有中年離婚的傾向。

第六單元

由命運線看流年變化

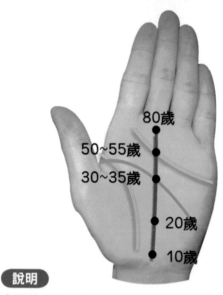

80歲

50~55歲

30~35歲

20歲

10歲

說明

命運線明顯的人，比較容易成功，筆直伸展的命運線是強運的證明，看幾歲附近有變化，代表會有轉機。

在命運線上有橫紋交叉，表示55歲時，會有不動產，也表示在50歲左右購買房子，而且會有兩處以上的房子或土地。

在命運線上有橫紋交叉，表示45歲會有不動產，也表示在40歲左右會擁有自己的房子，而且房子會非常豪華。

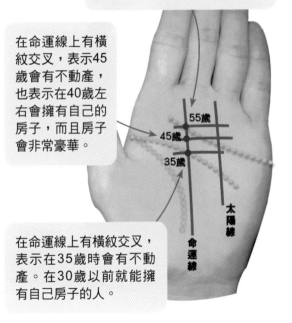

55歲

45歲

35歲

太陽線

命運線

在命運線上有橫紋交叉，表示在35歲時會有不動產。在30歲以前就能擁有自己房子的人。

◆ 由太陰丘向中指延伸

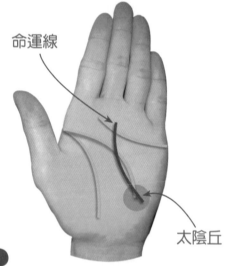

命運線

太陰丘

說明

天生人氣旺，可藉由人氣指數而達成希望與目
標，給人家的第一印象不錯。

◆ 由第一火星丘向中指延伸

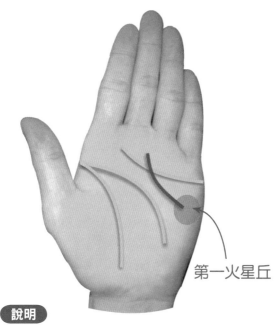

第一火星丘

說明

成功一定是咱們的,把握機會、抓緊機會,就一定能成功。

◆ 由太陰丘向手掌中心伸展

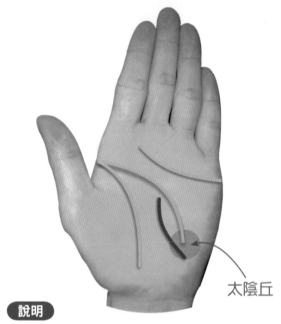

太陰丘

說明

此人會活躍於團體之中，並且可出人頭地，在公司中可擔任要角。

有兩條命運線的人

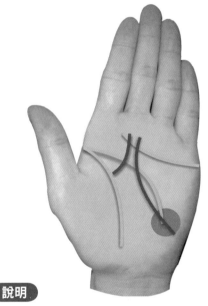

說明

除了在公司或組織正常工作外,還會有兼職的情況。

各類型的命運線

◆ 命運線斷斷續續

事業線呈上升狀，表示在工作
上剛開始不順，但最後必定能
取得成功，如發現此紋明顯
時，表示正處在上升運時期。

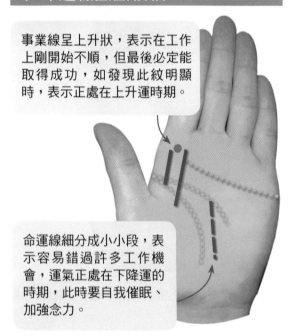

命運線細分成小小段，表
示容易錯過許多工作機
會，運氣正處在下降運的
時期，此時要自我催眠、
加強念力。

◆ 命運線成【人】字型

木星丘或命運線上有
星紋，可能會轉業、
升遷或榮調。

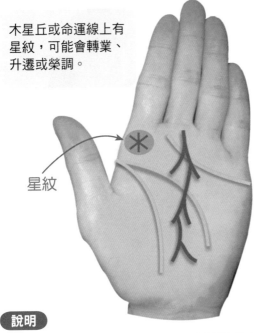

星紋

說明

在目前的職位上會盡最大的努力而求轉型成功。

◆ 命運線很多條的狀況

由太陰丘的命運線延伸到手掌中心，然後碰上好幾條的命運線伴隨伸展。

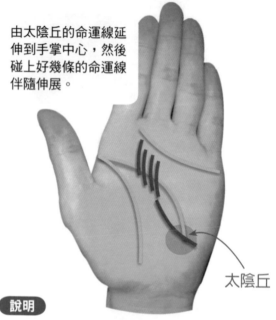

太陰丘

說明

一生認真工作，在組織家庭中更能享受親子同樂，屬愛家型，全家能得到幸福美滿。

◆ 兩條命運線向中指伸展

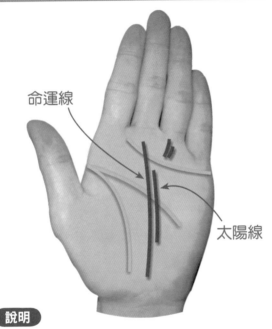

命運線

太陽線

說明

一生能跟配偶或跟有默契的工作夥伴合作或自行
獨立創業，誠心鐵定會得到好的夥伴而成功。

◆ 命運線不明顯的狀況

命運線的上半段不明
顯，下半段很明顯，
是屬早熟型人物。

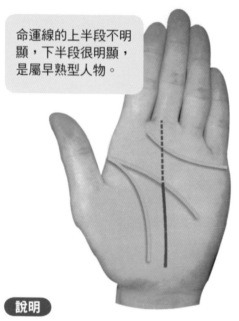

說明

這是小時了了、大未必佳的寫照，年輕時有較佳
的運勢，要注意中年以後可能會失掉工作喔。

◆ 命運線上出現支線

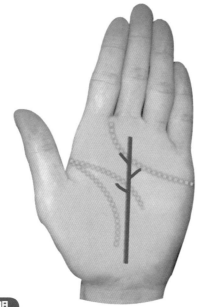

說明

命運線出現朝上支線時，表示要走運了，可能在某個歲數時會有發財的大機會。

◆命運線很明顯的狀況

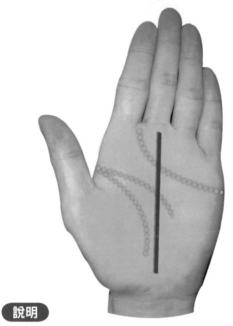

說明

命運線很明顯的人在社會上會成為主角，或身為組織的領導者，在商場上也會非常活躍。

◆ 命運線模糊的狀況

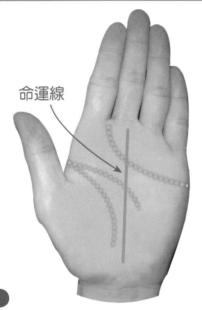

命運線

說明

沒有命運線或是命運線很模糊時，將來可以扮演好配角的角色，因個性溫和，所以不適合當領導者。

◆ 生命線有向上的狀況

有明顯的向上線時，有時會為了得到勝利不惜付出一切努力，內心有強烈的自我意識，非成功不可。

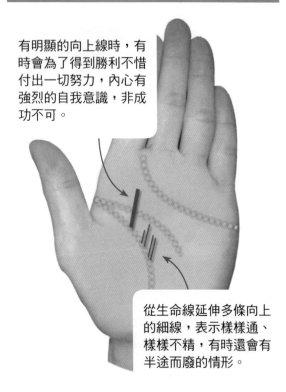

從生命線延伸多條向上的細線，表示樣樣通、樣樣不精，有時還會有半途而廢的情形。

◆ 易離鄉背景的狀況

命運線愈離開生命線時，表示自己會離開父母自行創業，離開得愈遠，獨立的意願就愈高。

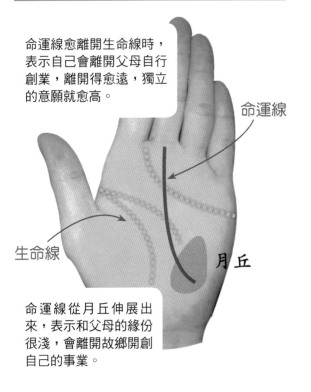

命運線

生命線

月丘

命運線從月丘伸展出來，表示和父母的緣份很淺，會離開故鄉開創自己的事業。

◆ 易離鄉背景的狀況

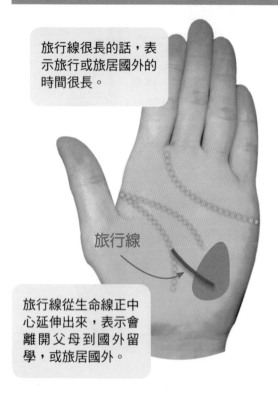

旅行線很長的話，表示旅行或旅居國外的時間很長。

旅行線

旅行線從生命線正中心延伸出來，表示會離開父母到國外留學，或旅居國外。

第七單元

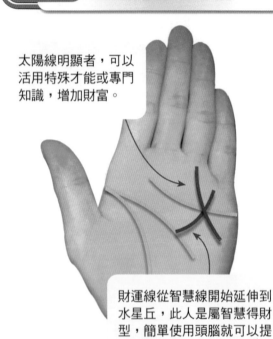

太陽線明顯者,可以活用特殊才能或專門知識,增加財富。

財運線從智慧線開始延伸到水星丘,此人是屬智慧得財型,簡單使用頭腦就可以提升財運。

太陽線由命運線伸展出來

工作能順利成功型，財富及名譽兩方面都可以得到。

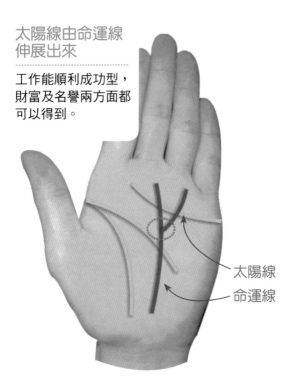

太陽線

命運線

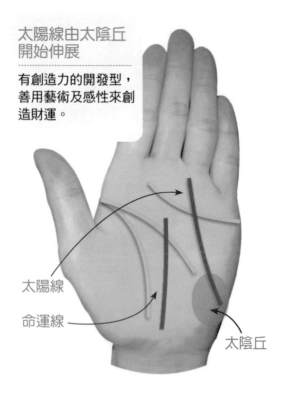

太陽線由太陰丘開始伸展

有創造力的開發型，善用藝術及感性來創造財運。

太陽線

命運線

太陰丘

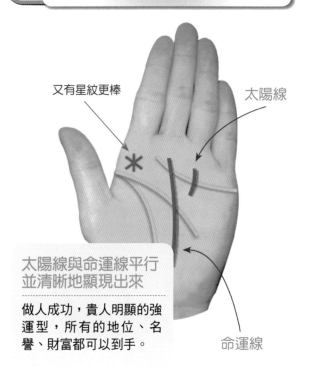

太陽線與貴人的關係

又有星紋更棒

太陽線

太陽線與命運線平行
並清晰地顯現出來

做人成功，貴人明顯的強
運型，所有的地位、名
譽、財富都可以到手。

命運線

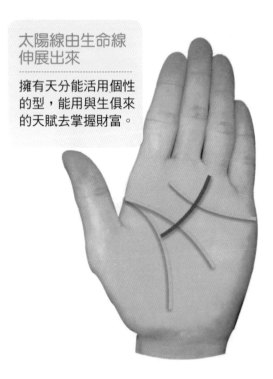

太陽線由生命線
伸展出來

擁有天分能活用個性
的型，能用與生俱來
的天賦去掌握財富。

太陽線與工作事業的關係

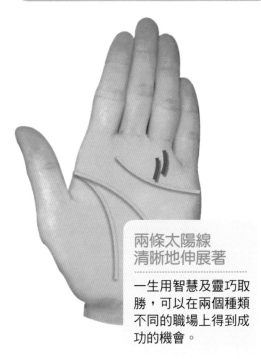

兩條太陽線
清晰地伸展著

一生用智慧及靈巧取勝，可以在兩個種類不同的職場上得到成功的機會。

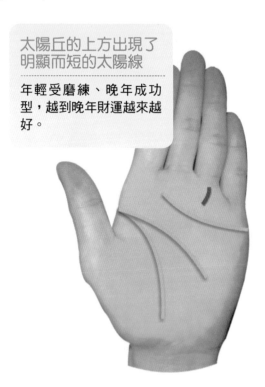

太陽丘的上方出現了
明顯而短的太陽線

年輕受磨練、晚年成功
型，越到晚年財運越來越
好。

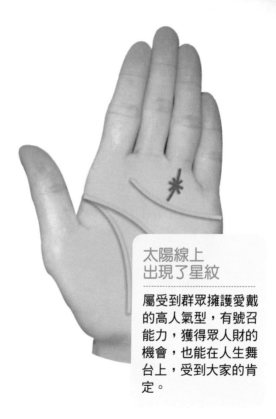

太陽線上
出現了星紋

屬受到群眾擁護愛戴的高人氣型，有號召能力，獲得眾人財的機會，也能在人生舞台上，受到大家的肯定。

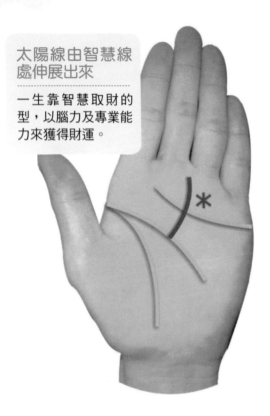

太陽線由智慧線
處伸展出來

一生靠智慧取財的
型，以腦力及專業能
力來獲得財運。

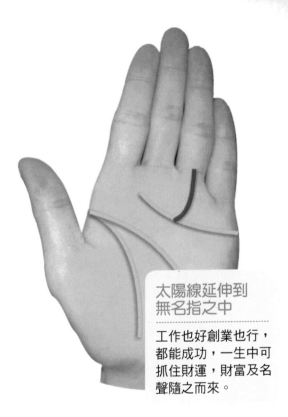

太陽線延伸到
無名指之中

工作也好創業也行，
都能成功，一生中可
抓住財運，財富及名
聲隨之而來。

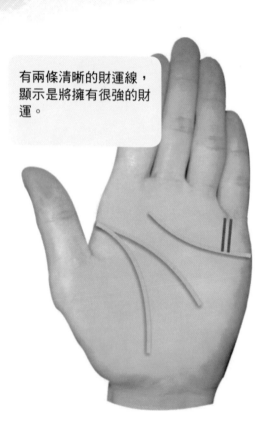

有兩條清晰的財運線，顯示是將擁有很強的財運。

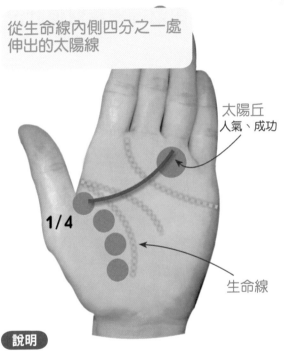

從生命線內側四分之一處伸出的太陽線

太陽丘
人氣、成功

1/4

生命線

說明

能受到長輩及異性的疼愛，藉此得到人氣和成功型。未來結婚對象，以年長者為佳。

由財運線看財運狀況

財運線延伸到水星丘，或水星丘隆起又豐盈，表有經商的才能及會有錢財。

財運線從生命線內側，四分之四的地方延伸到水星丘，能繼承父母的遺產變成有錢人。

1/4
2/4
3/4
4/4

財運線沒有到達水星丘，兒女盡了照顧父母的職責，但是卻沒有財產可以繼承。

有斷斷續續的財運線，看似會得到遺產，實際上卻得不到，或只得到一點點。

財運線與水星丘的關係

財運線朝著水星丘時，此人對儲蓄很有觀念。

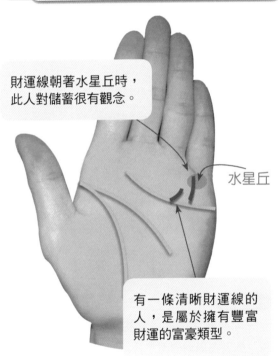

水星丘

有一條清晰財運線的人，是屬於擁有豐富財運的富豪類型。

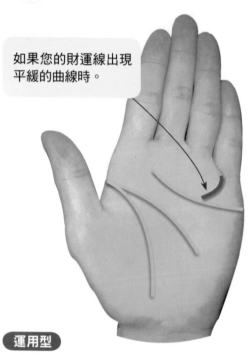

如果您的財運線出現平緩的曲線時。

運用型

一生能夠靈活地運用資產，以致獲得大量的收益。同時在處理財產是採踏實兼大膽的方式。

財運線出現了島紋及
Ｘ字紋，是在暗示即
將有錢財的麻煩。

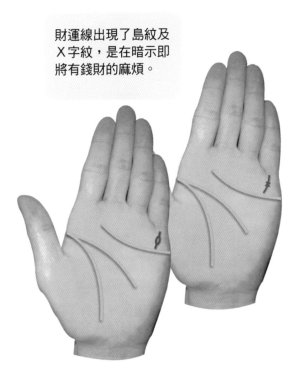

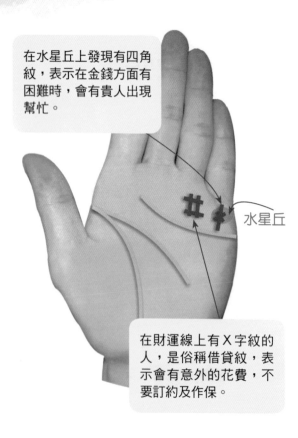

在水星丘上發現有四角紋，表示在金錢方面有困難時，會有貴人出現幫忙。

水星丘

在財運線上有X字紋的人，是俗稱借貸紋，表示會有意外的花費，不要訂約及作保。

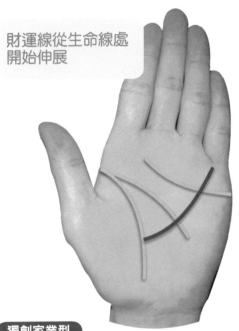

財運線從生命線處
開始伸展

獨創家業型

一生以自己的努力蓄積財產，能活用商業才華及
才能，可以在事業上獲得成功。

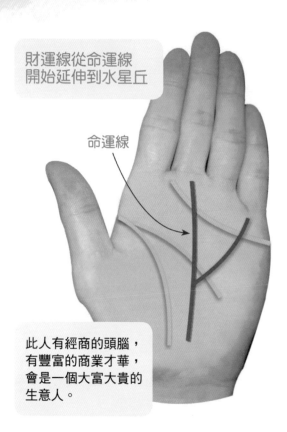

財運線從命運線
開始延伸到水星丘

命運線

此人有經商的頭腦，
有豐富的商業才華，
會是一個大富大貴的
生意人。

由財運線看破財狀況

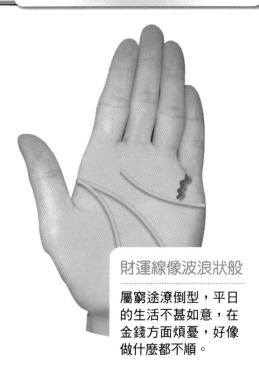

財運線像波浪狀般

屬窮途潦倒型,平日的生活不甚如意,在金錢方面煩憂,好像做什麼都不順。

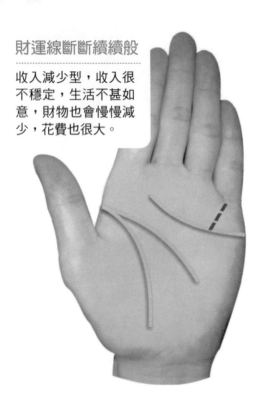

財運線斷斷續續般

收入減少型，收入很不穩定，生活不甚如意，財物也會慢慢減少，花費也很大。

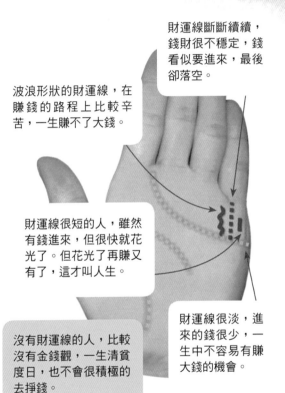

財運線斷斷續續，錢財很不穩定，錢看似要進來，最後卻落空。

波浪形狀的財運線，在賺錢的路程上比較辛苦，一生賺不了大錢。

財運線很短的人，雖然有錢進來，但很快就花光了。但花光了再賺又有了，這才叫人生。

財運線很淡，進來的錢很少，一生中不容易有賺大錢的機會。

沒有財運線的人，比較沒有金錢觀，一生清貧度日，也不會很積極的去掙錢。

財運線的終點有障礙線，暗示會有破產的危機，盡量找人商討，不要隱瞞事情。

財運線中途有橫梗的線，雖然過程很曲折，但最後會成功。

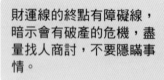

財運線上有障礙線或記號，代表會有金錢方面的糾紛和危機，做人盡量務實，不要硬幹。

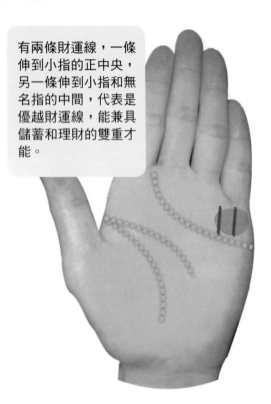

有兩條財運線，一條伸到小指的正中央，另一條伸到小指和無名指的中間，代表是優越財運線，能兼具儲蓄和理財的雙重才能。

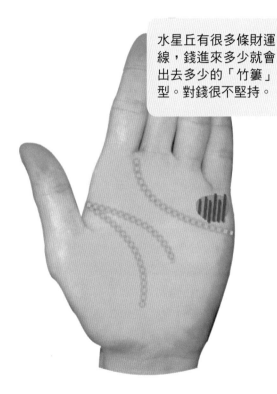

水星丘有很多條財運線，錢進來多少就會出去多少的「竹簍」型。對錢很不堅持。

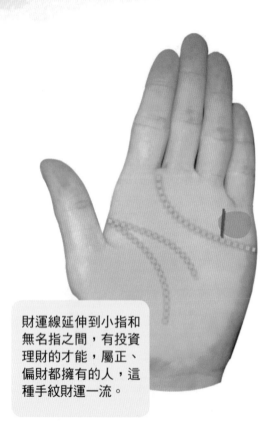

財運線延伸到小指和無名指之間，有投資理財的才能，屬正、偏財都擁有的人，這種手紋財運一流。

第八單元

戴戒指開運法

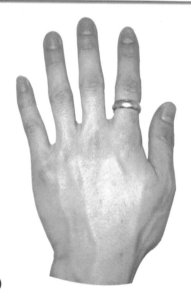

說明

在食指根部戴上戒指，就能夠形成「好運開門」的「所羅門之環」，當您感覺運氣不佳時，儘快帶上戒指會有改運效果。

簡易手相體操訓練法

活動食指可以強化智慧線。

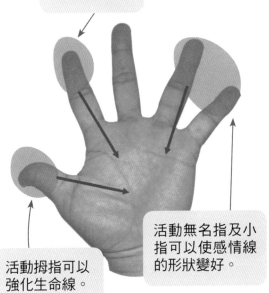

活動無名指及小指可以使感情線的形狀變好。

活動拇指可以強化生命線。

◎手相體操

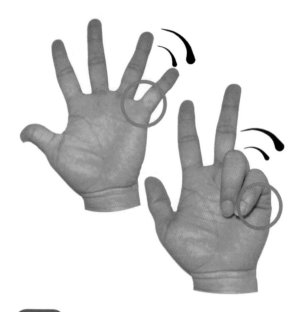

說明

常彎曲或伸張無名指及小指，常常做此動作，可強化感情線、婚姻線，好讓讓感情順利愉快。

◎手相體操

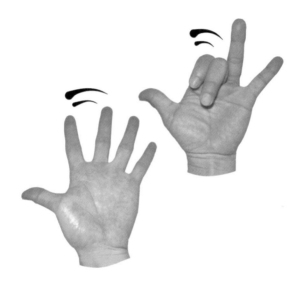

說明

常彎曲或伸張食指及中指，常常做此動作，可強化智慧線，將會有更好的頭腦，讓您腦筋棒棒。

◎手相體操

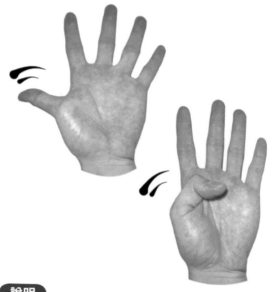

說明

常彎曲或伸張大拇指，常常做此動作，可強化生命線，將會有更好更強壯的身體喔！

◎手相體操

說明

將大拇指折向無名指、小指，然後放開，常常做此動作，可強化生命線，將會有更好更強壯的身體。

開運手相穴道按摩法

◎針對問題點按摩

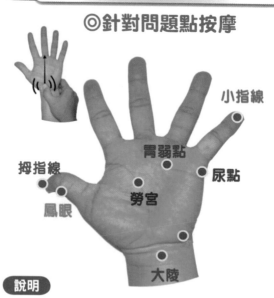

小指線

胃弱點

尿點

拇指線

勞宮

鳳眼

大陵

說明

刺激手的穴道有治療身體毛病及開運作用，刺激穴道及按摩，可以讓手活性化。整個手部能產生力量的話，手相也會變好。

◎針對問題點按摩

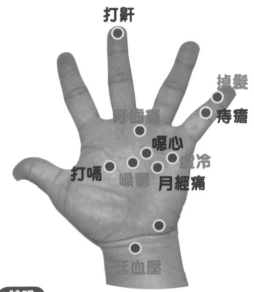

打鼾
掉髮
痔瘡
牙齒痛
噁心
虛冷
打嗝
喉嚨
月經痛
低血壓

說明

刺激手的穴道有治療身體毛病及開運作用，刺激穴道及按摩，可以讓手活性化。整個手部能產生力量的話，手相也會變好。

手相開運拍掌功

拍掌功

每天雙手用力拍掌100下，身體強健2倍，身體要不要顧隨您。

增長智慧的改運體操

拇指=語言能力

皮指紋之紋路：
代表行動、執行力與自我期許。

說明 開運方法：
請將拇指360度旋轉，其餘四指靠攏，每天做10
分鐘，改運效果驚人。

食指=心像

皮指紋之紋路：
代表思維、創意、表達能力。

說明 開運方法：

請將食指360度旋轉，其餘四指靠攏，每天做10分鐘，改運效果驚人。

中指=感情

皮指紋之紋路：
代表肢體操作、理解以及3D
藝術欣賞。

說明 開運方法：
請將中指360度旋轉，其餘四指靠攏，每天做10
分鐘，改運效果驚人。

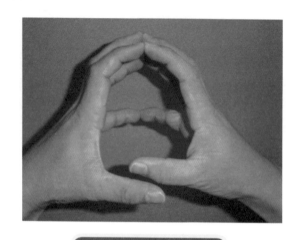

無名指=自律神經

皮指紋之紋路：
代表聲音的辨識及理解力與感受力。

說明 開運方法：

請將無名指360度旋轉，其餘四指靠攏，每天做
10分鐘，改運效果驚人。

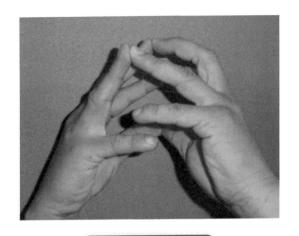

小指=運動神經

皮指紋之紋路：
代表視覺的文字、圖像辨識及
平面藝術。

說明 開運方法：

請將小指360度旋轉，其餘四指靠攏，每天做10
分鐘，改運效果驚人。

腳部反射區速查表

腦幹、小腦反射區

頭暈、失眠、腦性麻痺、走路不穩、高血壓、工作緊張、肌肉緊繃，常在此區按摩的話，有降低血脂肪，提升運動機能有明顯的功效。

頭部反射區

按摩此區前宜先按摩頭部，讓身體全身放鬆，此區能對治療各種頭痛、腦充血、腦震盪癒後的後遺症，有很明顯的功效。

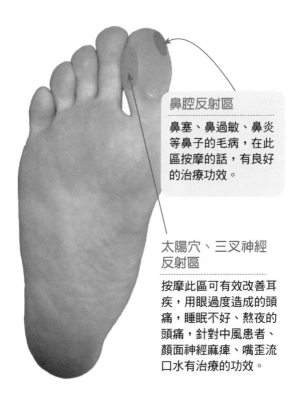

鼻腔反射區

鼻塞、鼻過敏、鼻炎
等鼻子的毛病，在此
區按摩的話，有良好
的治療功效。

**太陽穴、三叉神經
反射區**

按摩此區可有效改善耳
疾，用眼過度造成的頭
痛，睡眠不好、熬夜的
頭痛，針對中風患者、
顏面神經麻痺、嘴歪流
口水有治療的功效。

脚上方　　　　　　脚底

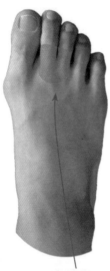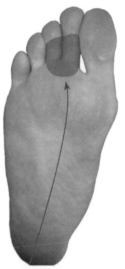

眼睛反射區

眼睛是靈魂之窗，如想要控制近視的度數或想增強視力的人，常按摩此區能強化，另眼睛容易疲勞、老花眼、白內障、角膜炎等其他眼疾，也有改善的功效。

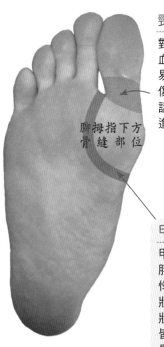

腳拇指下方
骨縫部位

頸項反射區

對於過度勞累的人，血液循不佳、頸部容易僵硬、酸痛、扭傷，常在此區按摩的話有良好的抒解及促進血液循環的功效。

甲狀腺反射區

甲狀腺失調會導致肥胖症或過瘦，如有心悸、腫脹、凸眼性甲狀腺腫或神經性的症狀，均可按摩此區，皆有改善症狀的效果。

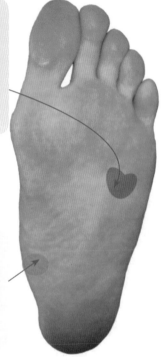

心臟反射區

呼吸困難、心律不整、心力衰竭、心臟疼痛、刺痛、心臟缺損、中風病患的保健，預防勝於治療，可多按摩保健。

肛門反射區

便秘、直腸炎、痔瘡（外痔）、腹瀉、便秘、直腸病變者，常按摩可有效改善疾病。

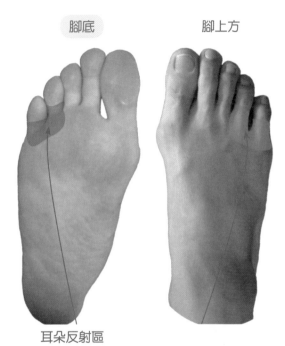

腳底 　　　　　腳上方

耳朵反射區

此區為耳朵的穴位部位，聽力衰退、耳鳴、暈眩、中耳炎、外耳炎，在此區按摩能有良好的改善症狀作用。

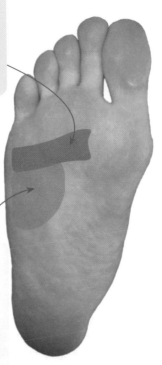

肺和支氣管反射區

咳嗽、肺炎、氣喘、胸悶、肺病、支氣管炎等變病均可按摩此區，可有效改善呼吸道疾病。

位於【右腳】
垂直下凹部位

肝臟反射區

此區能改善肝炎、黃膽、膽結石、肝斑、肝硬化等病狀，失眠、易疲勞常按摩者，能有效預防肝臟疾病。

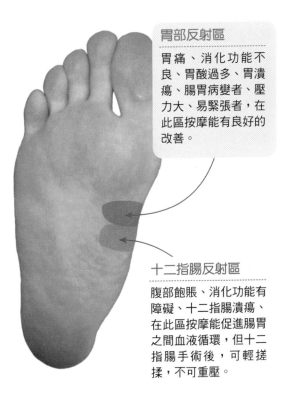

胃部反射區

胃痛、消化功能不良、胃酸過多、胃潰瘍、腸胃病變者、壓力大、易緊張者，在此區按摩能有良好的改善。

十二指腸反射區

腹部飽脹、消化功能有障礙、十二指腸潰瘍、在此區按摩能促進腸胃之間血液循環，但十二指腸手術後，可輕搓揉，不可重壓。

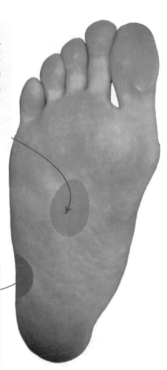

腎臟反射區

腎衰竭、腎結石、尿毒症、關節炎、濕疹、靜脈曲張、風濕病及動脈硬化等，亦可常按摩此區，對上述疾病能有效改善。

膀胱反射區

高血壓、腎病變、輸尿管、膀胱無力、尿失禁，可按，但膀胱結石者不可按恐有危險。

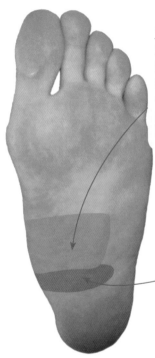

小腸反射區

急慢性腸炎、胃部脹氣、腹部悶痛、脫髮、腹瀉、疲倦、緊張、營養不良者，按摩此區，可有效改善腸胃之疾病。

直腸反射區

便秘、直腸炎、腹瀉、痔瘡，常按摩者能抒解以上不適之症狀，有很大的幫助。

胸腔和乳房反射區

壓力過大造成胸腔氣悶、乳房充血（經期前）、豐胸，常按摩者可有良好治療效用。

喉部和氣管反射區

喉痛、氣喘、咳嗽、氣管炎、喉嚨發炎、聲帶水腫、聲音微弱、感冒、嘶啞者按摩此區，可有效改善症狀。

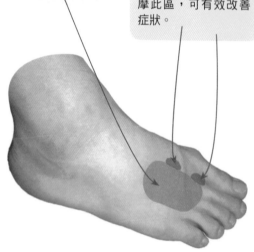

臉部反射區

臉部皮膚不適、青春痘、黑斑等,常按摩者可有美容保健的效用。

尿道、陰莖(陰道)反射區

尿道發炎、尿道感染、性功能障礙,陰道發炎,均可按摩此區,可有效改善症狀。

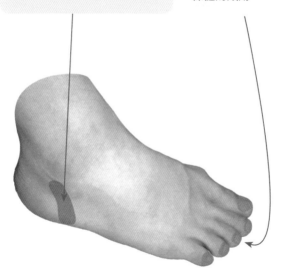

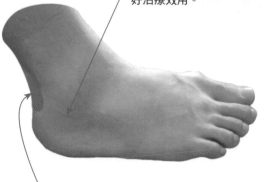

子宮或攝護腺反射區

經痛、尿道疼痛、子宮虛弱、發炎的白帶頻尿、滯尿、尿道疼痛及帶血，常按摩者可有良好治療效用。

直腸和肛門反射區

痔瘡、便秘、直腸炎、疝氣，常按摩者可有良好的療效。

膝部反射區

膝傷害、膝關節炎、膝
關節疼痛，按摩此區，
可有效改善症狀。

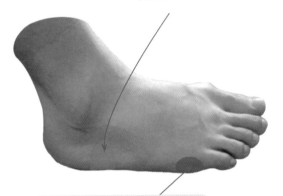

肩部反射區

五十肩、習慣性肩、關節脫臼、
手臂無力、肩酸痛，常按摩者能
抒解以上不適之症狀，有很大的
幫助。

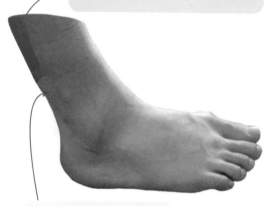

坐骨神經反射區

坐骨神經疼痛與發炎、長期久坐、職業病久站工作慢性職業病，常按摩者能抒解以上不適之症狀，有很大的幫助。

下腹部反射區

月經腹痛、不規則腹部疼痛、男性的啤酒肚，按摩此區，可有效改善症狀。

手臂反射區

上肢酸痛或麻痺，尤其
是電腦族所犯之職業
病，按摩此區，可有效
改善效果。

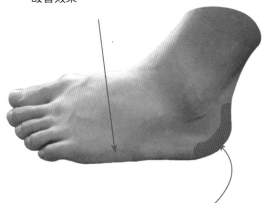

外尾骨反射區

坐骨神經痛、外尾骨受傷的
後遺症，常按摩者能抒解不
適之症狀，有很大的幫助。

吉祥坊易經開運中心專業軟體

命理軟體系列			
八字軟體63項論斷（專業版）	黃恆堉	軟體1套含key	18000元
姓名學軟體5派命名法（專業版）	黃恆堉	軟體1套含key	20000元
奇門遁甲軟體（專業版）	黃恆堉	軟體1套含key	12000元
數字論吉凶軟體（專業版）	黃恆堉	軟體1套含key	12000元
一般擇日與婚課擇日軟體（專業版）	黃恆堉	軟體1套含key	16800元
紫微斗數論斷軟體（專業版）	黃恆堉	軟體1套含key	20000元
健康養生開運軟體（專業版）	黃恆堉	軟體1套含key	25000元
論前世今生軟體（專業版）	黃恆堉	軟體1套含key	5000元
行為傾向軟體（專業版）	黃恆堉	軟體1套含key	3600元
陽宅軟體（紫白飛星）專業版	黃恆堉	軟體1套含key	16800元
陽宅軟體（八宅明鏡）專業版	黃恆堉	軟體1套含key	16800元
陽宅軟體（三元玄空）專業版	黃恆堉	軟體1套含key	16800元
陽宅軟體（乾坤國寶）專業版	黃恆堉	軟體1套含key	16800元
陽宅軟體（四派整合陽宅）專業版	黃恆堉	軟體1套含key	50000元
符令製作軟體（專業版）	黃恆堉	軟體1套含key	16800元

聯絡電話：04-24521393
網址：www.abab.com.tw
台中市西屯區西屯路二段297-8巷78

國家圖書館出版品預行編目資料

手相一本通／黃恆堉著.

－－第一版－－臺北市：知青頻道出版；
紅螞蟻圖書發行，2013.4
面 ； 公分－－（開運隨身寶；4）
ISBN 978-986-6030-64-2（平裝）

1.手相

294.23　　　　　　　　　　　　102006384

開運隨身寶 4

手相一本通

作　　　者／黃恆堉
發 行 人／賴秀珍
總 編 輯／何南輝
校　　　對／周英嬌、楊安妮、黃恆堉
美術構成／Chris' office
出　　　版／知青頻道出版有限公司
發　　　行／紅螞蟻圖書有限公司
地　　　址／台北市內湖區舊宗路二段121巷19號（紅螞蟻資訊大樓）
網　　　站／www.e-redant.com
郵撥帳號／1604621-1　紅螞蟻圖書有限公司
電　　　話／(02)2795-3656（代表號）
傳　　　真／(02)2795-4100
登 記 證／局版北市業字第796號
法律顧問／許晏賓律師
印 刷 廠／卡樂彩色製版印刷有限公司
出版日期／2013年 4月　第一版第一刷
　　　　　　2021年 10月　　　　第二刷(500本)

定價 220 元　港幣 73 元

ISBN　978-986-6030-64-2　　　　　　Printed in Taiwan